BuddhAll

BuddhAll.

All is Buddha.

BuddhAll

三昧禪法經典系列⑩

修行道地經典

三昧禪法經典的出版因緣

三昧禪法經典的出版，是我們整理弘揚佛法禪觀修行的重要一步，希望這些經典的整理，能夠幫助修行大眾在禪觀修證上有所增益。

佛教的禪法，無比深妙廣大。從原始佛教中，以對治與解脫為中心的禪觀，到大乘佛教中，以大悲與如幻為見地，所開展出無邊廣大的菩薩三昧，都是能令人超越生死煩惱的障礙，而達到廣大自在境界的殊勝法門。這些禪觀也能令我們了悟身心法界的無邊奧密，值得人人以無盡的生命來從事無邊禪觀的修證體悟。

佛教的修證體悟，不是散心妄念的思惟分別，諸佛菩薩也沒有建立一套龐大精妙思想的興趣。佛法看似廣大無際的思想體系，不是向壁虛構的分別推論所成，實際上只是解釋身心法界真相的體悟內容。因此，佛法的悟境，絕對是在身心統一和諧的境界中產生；所以世智聰明或極度思辯推理，可能產生龐大的精思學問，卻不可能在佛法中開悟解脫。依此而言，禪法定力雖然不是佛法開悟的內容，卻是開悟解脫的根本。

另外，大乘菩薩的三昧禪法更是依據菩薩對空、無常、無我的體悟，不住於涅槃解脫，而以大悲心發起菩提願，以菩薩三昧禪法產生永不間斷的廣大力量，永不退轉地如幻救度眾生。所以，就佛法的立場而言，禪法是每一個人改變身心性命、煩惱習氣所必備的工具。

在佛陀時代，禪法是大家共同的必修科，習禪是每一個佛教徒的常課，我們十分懷念那樣的殊勝因緣，希望在這一個時代中重現。本套三昧禪法經典，共輯成十冊，為了使大家能迅速的掌握經典的內義，此套經典全部採用新式分段、標點，使讀者能夠迅速的體悟三昧禪法的要義。

這一套三昧禪法經典，涵蓋了最基本的安般（數息）、不淨、慈心、因緣、念佛等五停心觀，乃至無邊廣大的菩薩三昧；這十冊的內容是：

一、念佛三昧經典

二、般舟三昧經典

三、觀佛三昧海經典

四、如幻三昧經典

五、月燈三昧經典

六、寶如來三昧經典

七、如來智印三昧經典

八、法華三昧經典

九、坐禪三昧經典

十、修行道地經典

現在供養給大家，希望大家能夠依此而使身心離惱、解脫自在，甚至證入無邊廣大的菩薩三昧，具足大功德、大威力；並祈望大家廣為推行，使如來的教法能大弘於人間，一切衆生歡喜自在、一切願滿，乃至圓滿成佛。

南無　本師釋迦牟尼佛

凡例

一、關於本系列經典的選取，以能彰顯佛法中三昧禪法的修習與功德力用為主，以及包含各同經異譯本，期使讀者能迅速了解修習三昧禪法的重要見地及善巧方便。

二、本系列經典選取之經文，以卷為單位。

三、本系列經典係以日本《大正新修大藏經》（以下簡稱《大正藏》）為底本，而以宋版《磧砂大藏經》（新文豐出版社所出版的影印本，以下簡稱《磧砂藏》）為校勘本，並輔以明版《嘉興正續大藏經》與《大正藏》本身所作之校勘，作為本系列經典之校勘依據。

四、《大正藏》有字誤或文意不順者，本系列經典校勘後，以下列符號表示之：

(一)改正單字者，在改正字的右上方，以「＊」符號表示之。如《大方等大集經菩薩念佛三昧分》卷四〈歎佛妙音勝辯品第五之一〉之中：

無名相法以名相說，「共」義亦爾《大正藏》

無名相法以名相說，「其」義亦爾《磧砂藏》

校勘改作為：

無名相法以名相說，*其義亦爾

(二)改正二字以上者，在改正之最初字的右上方，以「*」符號表示之，並在改正之最末字的右下方，以「☆」符號表示之。

如《佛說如幻三昧經》卷上之中：

離欲「恍惚」寂無所有，歸於澹泊悉無所生《大正藏》

離欲「煩惱」寂無所有，歸於澹泊悉無所生《磧砂藏》

校勘改作為：

離欲*煩惱☆寂無所有，歸於澹泊悉無所生

五、《大正藏》中有增衍者，本系列經典校勘刪除後，以「①」符號表示之，其中圓圈內之數目，代表刪除之字數。

如《佛說如幻三昧經》卷下之中：

尋便滅「除，除不與合」《大正藏》

尋便滅「除，不與合會」《磧砂藏》

校勘改作為：

尋便滅除，①不與合⊙會

六、《大正藏》中有脫落者，本系列經典校勘後，以下列符號表示之：

(一)脫落補入單字者，在補入字的右上方，以「⊙」符號表示之。

如《大寶積經》卷一百三〈善住意天子會〉之〈文殊神變品第三〉中：

文殊師利後「善住發」《大正藏》

文殊師利後「善住意發」《磧砂藏》

校勘改作為：

文殊師利後善住⊙意發

㈡脫落補入二字以上者，在補入之最初字的右上方，以「⊙」符號表示之，並在補入之最末字的右下方，以「☆」符號表示之。

如《觀佛三昧海經》卷六〈觀四威儀品第六之一〉之中：

阿難在右，「羅睺佛後」《大正藏》

阿難在右，「羅睺羅在佛後」《磧砂藏》

校勘改作為：

阿難在右，羅睺⊙羅在☆佛後

七、本系列經典依校勘之原則，而無法以前面之各種校勘符號表示清楚者，則以「㊟」表示之，並在經文之後作說明。

八、《大正藏》中，凡不影響經義之正俗字（如：恆、恒）、通用字（如：蓮「華」、蓮「花」）、譯音字（如：目「犍」連、目「乾」連）等彼此不一者，本系列經典均不作改動或校勘。

九、《大正藏》中，凡現代不慣用的古字，本系列經典則以教育部所頒行的常用字取代之（如：讚→讚），而不再詳以對照表說明。

十、凡《大正藏》經文內本有的小字夾註者，本系列經典均以小字雙行表示之。

十一、凡《大正藏》經文內之咒語，其斷句以空格來表示。若原文上有斷句序號而未空格時，則本系列經典均於序號之下，加空一格；但若作校勘而有增補空格或刪除原文之空格時，則仍以「⊙」、「①」符號校勘之。又原文若無序號亦未斷句者，則維持原樣。

十二、本系列經典之經文，採用中明字體，而其中之偈頌、咒語等，皆採用正楷字體。另若有序文、跋或作註釋說明時，則採用仿宋字體。

十三、本系列經典所作之標點、分段及校勘等，以儘量順於經義為原則，來方便讀者之閱讀。

修行道地經典序

本經集收有二部重要的禪法經典，這二部經典清楚的勾勒出修行的次第與方便，是每一位禪修者必備的禪法要籍。

第一部經典是《修行道地經》，本經共有七卷三十品，依順序呈顯出禪觀修道的階程，本經之內容大要如下：

㈠輪迴世間的現相　本經首先敍說生死輪迴的生活，畢竟無常、苦、無我、不淨（見〈集散品第一〉），特別是有情的生活，因為是由色、受、想、行、識五蘊（見〈五陰本品第二〉、〈五陰相品第三〉、〈分別五陰品第四〉、〈五陰成敗品第五〉），及地、水、火、風、空、識之共力所組合成（見〈行空品第二十一〉），故無作為自我所可依賴之確實性。五十五事中的每一項，都為空無常而極可厭（見〈觀品第二十四〉）。然而凡夫因為貪瞋癡三毒，而演變成萬種的癡態狂亂，其迷情性行可分別為十九輩（見〈分別相品第八〉），由此而說明地獄、餓鬼、畜生、人間、天上之生活開展（見〈知人心念品第十八〉），特別詳述地獄之種類情形（見〈地獄品第十九〉）。執著於如此不可依賴的自我，又以錯誤的自我觀念而展開的生活之種種相，是迷妄且充滿苦惱，如早日歸順於佛陀的教法，應可除去此煩惱及迷妄，此可視為本經廣說的項目。

㈡修道的初門　輪迴生活是違反正理的迷妄，我們在始終驚怖於苦惱之中反省，必然要求解脫。而解脫之要求又必然地必須除去自我的執著妄念，並依此而展開修道的生活。修道之始，為解脫苦惱恐怖故，要現空自身而憶念佛法僧三寶，並持戒堅固而捨離我執我欲之生活（見〈除恐怖品第七〉）；其次要制止眼、耳、鼻、舌、身之五根，致力於不為色、聲、香、味、觸之五境所驅使（見〈伏勝諸根品第十二〉），特別明示貪食無益於道行，止好食粗飯之取捨憎愛之念（見〈曉了食品第十一〉），然而對於他者以寬容慈忍之德，於十方眾生住於怨親平等之慈念，且無起瞋恚之心而自招苦惱（見〈慈品第六〉），以毀譽褒貶畢竟是空無根之虛事（見〈忍辱品第十三〉），若將他人之毀害視之為如空夢幻之事象，而予諦忍，保持心之平靜（見〈棄加惡品第十四〉）。更而反省己身，學習身為不淨、受為苦、心無我、法無常之四念處觀，以攝心、信、精進、智慧諸德，致力於不為三毒所亂的工夫，專心進道修習（見〈勸意品第九〉）。以捨離凡夫謬見的淨、樂、我、常四顛倒，而趣入空無我的正理，以達究竟涅槃為志（見〈離顛倒品第十〉）。諭示若起退墮卑屈之念，則應奮起其志而念正法，以善利激勵心常歡喜，而逐漸進入修道（〈勸悅品第二十〉）。

以上為修行一般論說，是坐禪觀法的預備性基礎訓練；以下則列舉初入禪觀的五種觀法，以因應凡夫的迷情，對治其心病。〈分別相品第八〉敍述法師辨別眾生之迷情十九輩，而指導適於各病之禪觀，內容如下述五種：

1. 情欲熾者以不淨觀對治。
2. 瞋恚熾者以慈心觀對治。
3. 愚癡多者以因緣觀對治。

4.想念多者以數息觀對治。

5.憍慢多者以白骨觀對治。

比較一般的五停心觀中，本經缺念佛觀，而以白骨觀代之。白骨觀屬不淨觀，有時成為不淨觀之主要部分，故在本經中之五停心觀，只列舉四觀而已。總之，此五種觀法是入禪觀修行之五門，修行者不須修習全部的五種禪觀，只要相應其心病悟入其中一門即可，並以此一門達到最後究極的解脫位。

㈢凡夫禪　禪法中有寂（止）及觀之二面。寂者住心一境而至寂然不動；觀者在心不動下，觀察法之本相。例如割草時，手握草是為寂，以鐮刀刈取則為觀。行者因其根機有先得寂後得觀，或先得觀而後得寂之差別，但是，如果未具得寂觀之兩面，則非真正趣向於解脫的禪法。若行者欲先得寂，不淨觀與數息觀是最佳方法。不淨觀，先至塚間觀死屍，心念死屍之青淤腫脹的污穢，骨鎖集散的空無，自然離欲想而不動不亂，逐漸捨棄執著達第一禪，更進一步達至四禪，身體輕軟如意飛行，乃至得種種不可思議之神變，即神足通（見〈神足品第二十二

〉），及天眼通（見〈天眼見始終品第十五〉）、天耳通（見〈天耳品第十六〉）、宿命通（見〈念往世品第十七〉）、他心通（見〈知人心念品第十八〉）之五神通。

雖得上述之四禪、五通，且得生於天，亦尚難稱之為究極解脫，因為心尚有所著之故。此即為有漏凡夫之禪，外道仙人亦能至之所，非為佛教門內之禪法。即使是生天，也是為欲縛之世界，恰如假釋出獄的犯人，又如腳縛於線的小鳥，好像是暫時得到自由的人，而實非永劫真實的解脫境界，佛弟子應誡以此禪法為其理想的禪法（見〈數息品第二十三〉）。

㈣佛弟子禪　佛弟子者以不淨觀、數息觀而至心寂靜，不執著於得四禪、五通，更進於無漏聖道之觀察，而修四念處觀，察四聖諦之理，實踐躬行佛所說的三十七道品。凡夫禪只著於寂靜的樂味，雖除去狂暴之欲，而未斷微細之情念，為單純的快樂輕安所牽引，疏忽了真道的實踐。換言之，凡夫禪沈醉於寂的一面，而缺正觀微妙的智慧，享樂於快適輕安，卻忘了道行的實踐。佛弟子具得寂與妙智正觀，傾全力於離欲及正道的實踐，這才是真正地離煩惱而至無為解脫的究竟。如此，佛弟子即是修數息觀，也能得四事十六分（即六妙門、十六特勝），進而觀四念處，以四諦十六行相而察認真理，經四善根之位，而起無漏聖道的十六心，斷煩惱離欲界，真正地入於無漏的境界，始達聖者之境（見〈數息品第二十三〉）。

更而經過所謂四向四果的修道，最後進入阿羅漢之無學地，明辨所作無再受生，得到與佛同等的智力，到達解脫涅槃的妙境，完全了悟禪觀修道的究竟（見〈學地品第二十五〉、〈無學地品第二十六〉、〈無學品第二十七〉）。

㈤菩薩禪　解脫迷界輪迴的道路有聲聞道及菩薩道二途。聲聞道如前述，是墮於凡夫有漏禪而行聲聞的解脫禪觀，止觀相應而至無為涅槃。菩薩道則為求佛的無上菩提，雖成就禪觀修行而不住於涅槃，領悟一切皆空而廣度十方衆生。這才是真正的佛道，正觀在此處顯現廣大的妙用，佛法妙道真正地被實踐在實際人生中。聲聞道的正觀真諦，尚有未徹底窮盡的遺憾，主要的是聲聞道不過是中途的方便施設而已，此處引《法華經》中有名的化城喻來顯示此理（見〈弟子三品修行品第二十八〉）。

行菩薩道者機根愚劣之人，雖然發無上正真道意，但為佛陀色身相好所奪，未能起空無所得的深慧，雖勝於聲聞道，而不如菩薩的正觀自在，於實際的妙行中，腳步遲鈍，此類稱之為緣覺。這還不是理想的佛道，僅為虛假的施設，此處亦以《法華經》中有名的「火宅三車喻」為例，明示佛三乘道的施設建立（〈緣覺品第二十九〉）。

真正的菩薩道是發起無上正真道意，了悟一切皆空，從發心之時即以濟度五道生死的一切眾生為志，而勇猛修行者。為了實踐菩薩道，無論怎樣之艱難辛苦亦在所不辭，永遠地行進於無盡的大空如幻之中，非如聲聞弟子般，須經過次第階級，而於發心之初至不退轉，超行越位而得極果，解如來之法身無相，不為證果所拘，是行進於自在無礙的正觀妙行者（〈菩薩品第三十〉）。

概觀本經之內容，其特色在敘述菩薩禪之後三品中的大乘思想。如《法華經

》一般，並列三乘道，對比小乘而言大乘。但是，除此部分外，全部敍述屬於小乘教義之禪觀。其中應注意的是〈分別相品〉之衆生十九輩之說，並列舉有五種禪觀。最特別的是〈數息品第二十三〉，力說凡夫禪與佛弟子禪之區別，其它的禪經雖亦有說述得四禪、五通、生天之果為凡夫有漏之禪，但是很少有如本經，傾力於說明與佛弟子禪之差異。

蓋禪法不限於佛教之中，在印度的許多宗教學派中只不過是一種修道的方法而已，然而，本經或許是因為在佛教中，樹立特色是最必要的事，故在這方面特別著力。兩者之差別因為主要是在內觀，是在心一境性的三昧境上，而在坐法，尤其是四禪之境界上，很難分別二者差異所在。事實上佛教的四禪八定本來就是採用外道禪觀整理而成的，但其見地完全不同，而本經則致力於樹立佛弟子禪及其心要見地。總而言之，敍述佛教禪觀的特色，特別是小乘禪觀依序進展，應視為本經的最大特徵。

第二部為《達摩多羅禪經》分為二卷十七品，首八品為〈數息觀〉（安般念）

，其次四品為〈不淨觀〉，後五品如下：〈界觀〉、〈四無量觀〉、〈五蘊觀〉、〈六入觀〉、〈十二因緣觀〉。

本經以〈數息觀〉所費篇幅最多，共占上卷的全部。首先分為方便道及勝道，其次分為退分、住分、升進分、決定分四義，詳述〈數息觀〉次第的心理及狀態。方便道是指專念於數息的行相（即呼吸），進入禪定三昧有關方面之規定、方法及心理過程；勝道是指進入比方便道更真的禪定境界所產生的觀智。方便道相當於〈數息觀〉的六妙門、十六特勝，即視修行禪定的進展應有的呼吸長短與心理活動增減等現象的詳細說明；勝道則是根據禪定所生的智慧判別善惡、辨知真偽，瞭解迷惑世間的苦惱虛妄，洞察解脫的如實安樂，遠離常、樂、我、淨此四顛倒，體悟由四諦十六行相的觀智所得之解脫境界。此二道對於退、住、升進、決定四分的註解各不相同，就方便道言，若無法具備數息的六妙門、十六特勝則稱之為退，具備了部份條件稱為住分，逐次完成各條件稱為升進分，若達到全部完成之境界則稱為決定分；就勝道言，無法進入禪定產生觀智稱為退分，若產生觀智進入定階稱為住分，漸次進展稱為升進分，達到完全觀智自在的微妙境界則稱為決定分。

其次，談到〈不淨觀〉，僅說明方便道的四分而省略了勝道。因為方便道是行相的方法，故須詳述〈不淨觀〉觀法之規定、心理過程及其與〈數息觀〉之區別。而勝道是指禪定境界中所產生的觀智，所以無須說明〈數息觀〉與〈不淨觀〉勝道之區別。

至於〈界觀〉等五觀，並不區別為方便、勝道等二道，亦不辨別退、住、升進、決定四義，而僅說明各觀法的特色，避免繁複冗長的敘述。〈界觀〉這個名稱取自分析界(Dhatu)的要素，其範圍可廣達世界，主要是指分析身體各部組合要素，說明其真實存在與否之實際觀。以地、水、火、風、空、識等六大觀為基本，說明各部之組成要素。

〈四無量觀〉以慈、悲、喜、捨四無量心及忍辱慈心愛念眾生，闡明人不可存有瞋恚害心的實觀。

〈五蘊觀〉是思惟觀察色、受、想、行、識等五蘊義，說明宇宙人生為空、無常的觀法。

〈六入觀〉為破內六根與外六境接觸所產生之迷情意識，而使修行者堅守淨戒、克制貪慾，此是對於六入產生真實智見的觀法。

〈十二因緣觀〉是種破無明愚癡生正智見之觀法，主要是以十二因緣的連縛、流注、分段、剎那四種觀法，經由聲聞、緣覺、菩薩、佛四聖來說明各觀法之深淺及由來，且敍述〈十二因緣觀〉與各種觀法之關係，為〈界觀〉之五觀中接觸阿毗達磨法相最多，敍述最詳細的觀法。

本經在觀法上談及數息、不淨、界、四無量、五蘊、六入、十二因緣七觀，此七觀中正含容了〈五停心觀〉，此中四無量心觀可攝慈心觀，加上因緣、數息、不淨及界觀，〈五停心觀〉皆已俱備，不過本經並不像《坐禪三昧經》或《五門禪經要法》將五種觀法視為同等地位，意圖做相同的說明，不像《修行道地經》或《禪祕要法經》明白地分辨五種觀法之對治作用。當然，由本經可以明瞭〈

數息觀〉對治散亂心，〈不淨觀〉對治貪婪心，〈四無量觀〉對治瞋恚心，〈十二因緣觀〉對治愚癡心，但這些規律未必是一成不變。就〈十二因緣觀〉的實修而言，當界、入、陰、數息、不淨、緣起六觀修成時，自然產生各種對治作用；又〈界觀〉修得之時，界不淨觀、界方便觀、界四無量觀等同時修得，亦產生各種對治作用。如上所述，則各觀雖分別有其所對治者，但各觀也互相包容、互有關連，因此所對治者也無法清楚地區分。實地修行時或許五種觀法可視為一體，但是本經並不重視五停心觀之形式分類。

就修道的位階及得果言，本經的敍述極為簡略。其它禪經通常都強調禪定得果的生天、得神通、入無漏道、得涅槃、受記作佛等事，但本經對於彼等之事卻頗為淡然。因此，頗多省略四禪、四無色定、四善根位、四諦十六行相、斷惑証理、四向四果等階段的說明。雖然本經也提及上述階段，但不像《修行道地經》或《坐禪三昧經》那麼詳盡描述。本經的特色，便是不對修行的進展做繁瑣的敍述。

本經雖極不重視阿毗達磨的法相、斷惑証理或位階，但在其它方面卻有詳盡的說明，甚至還論及小乘論書，在一般禪經中是極為罕見的。例如在〈數息觀〉中談及依地的問題，在〈界觀〉中談及諸界的分別，在〈十二因緣觀〉中談及四種緣起，而在經中到處可預見阿毗達磨的法相。

另外，本經特別重視實際禪定修道時的心理敍述，在方便、勝道等二道及退、住、升進、決定四義中，分析修行者的心路歷程；在觀法的進展中給與修行者自覺與警戒，堪稱為禪法的實際指導書，價值殊勝。在衆多經書中，《禪祕要法經》對於禪觀的心理也有詳述，但本經則是直接喚起修行者的內省工夫，本經前半部內容尤為顯著。本經涉及之阿毗達磨的法相細密，文義的解釋繁瑣，但本經仍是習禪修道者的實際指導用書。另一方面，本經對於修道的位階與禪觀的種類，無任何組織性的說明，與代表北方禪經的《坐禪三昧經》之組織整然相較之下，代表南方禪經的本經主要是致力於實觀的提示而輕視有組織的說明，此即是南北禪教學的差異處。

就大小乘教義言，本經幾乎全屬小乘禪觀。所提及修道的位次得果部分，其實只侷限於聲聞道的範圍。但在〈十二因緣觀〉中，分為聲聞、緣覺、菩薩、佛四聖，這四聖境界反映出禪定心理的優劣差異，但並非法相問題，亦非用以說明大小乘的對立，而是透過本經消除了大、小乘的差異。值得一提的是，本經敘述修行者禪觀至聖者的境地如下：「殊妙種種印，蓮花衆寶樹，靡麗諸器服，光炎極顯炤，無量莊嚴具」，所起種種妙相稱之為曼荼羅（參照卷上〈修行勝道升進分第六〉及卷下〈觀陰分第十五〉）。上述曼荼羅非密教之曼荼羅，但堪稱為慧眼所見的觀念曼荼羅，這對於曼荼羅思想的發展具有相當價值。

為是提倡禪法修證，使修習禪觀者有所依止，我們特別將此二本禪經編輯推出，希望所有的修道人都能得到廣大的助益。

目錄

修行道地經

*修行道地經序 偷迦遮復彌晉云修行道地☆

造立修行道地經者，天竺沙門厥名眾護，出于中國聖興之域，幼學大業洪要之典，通盡法藏十二部經，三達之智靡不貫博，鈎玄致妙，能體深奧，以大慈悲弘益眾生，助明大光照悟盲冥，敘尊甘露蕩蕩之訓，權現真人，其實菩薩也。愍念後賢庶幾道者，儻有力劣不能自前，故總眾經之大較，建易進之徑路，分別五陰成敗所趣，變起幾微生死之苦，勸迷勵惑，故作斯經。雖文約而義豐，採喻遠近，防制奸心，但以三昧禪數為務，解空歸無，眾想為宗，真可謂離患之至寂，無為之道哉！

修行道地經卷第一

西晉三藏竺法護譯

集散品第一

厥元由顯興，灼灼踰日光，德積甚巍巍，勝於帝王種。
諸天及神仙，專精暴露成，多學博衆義，咸皆禮最安。
天人龍鬼神，在世而精進，奉迎於世尊，三界無等倫。
濟以無比慧，生死懼了除，佛正法衆僧，是三德無踰。
當觀此道眼，諦說平等法，意採宣尊教，猶如出甘露。
或有專修行，觀察於世俗，衆鬧若干種，生死之不安。

沈溺于世根，　猶朽車沒泥，　不能自拔濟，　當從經典要。
亦如採諸花，　愍世是故演，　專聽修行經，　除有令至無。

於是當講修行道經。生死老病憂結啼哭，諸不可意衆惱集會，專修行者在家出*家，欲令究竟清淨之法，志不轉還遂至甘露，衆患為絕。其無救護無所依仰，唯當棄捨一切諸求；是故修行欲離惱者，常當精進奉行此經。即說頌曰：

墮生老死而憂惱，身心所興有衆苦，欲得濟度不復還，學修行道莫有厭。

何謂無行？何謂為行？云何修行？云何修行道？其無行者，謂念淫怒欲害親屬，諸天國土弊友毀戒，習惡麁言聽于不善，不好學問自輕自慢，興有著想起邪計常，貪樂有身所居之處，習近女色放逸懈怠，而著情欲不離怒癡，多緣衆求人捨遠避，縱恣自是放心睡疑，失于精進常懷恐怖，根門不定追逐衆事，多於言語無有節度，思樂長路反論邪說，樂說戾事順逐非法，遠于道義是謂無行；此於無為而不可行。於是頌曰：

瞋恚貪欲念害命，常有樂身不淨想，邪智反順若干瑕，佛說是輩不可行。

何謂可行？不起瞋恚，不念加害，親近善友奉戒清淨，言輒以道受教學問，不自輕慢念計無常，苦空非身處於可居，不習女色除其放逸，當志精進滅於塵勞，少食知節救攝身行，宿夜覺悟斂心不忘，無有狐疑不懷恐怖，寂定根門無有衆緣，所說輒正平等解脫，樂于閑居所觀如諦，所未獲法當以懷來，諸可逮法堅持不忘，歡心採取法化之要，於諸衣食而知止足，志存經道而無厭極，習計非常不樂世間穢食諸想也。無為之道所為寂然，如是輩法近於無為，是謂可行；行在何許？謂之泥洹。於是頌曰：

戒淨志樂無我想，唯聽經義隨善友，所見審諦如教行，佛說此則無為道。

諸可所趣衆法念，定若干意無苦厭，是為講說德所聚，攝定諸根是謂行。

何謂修行？云何為行？謂能順行，修習遵奉，是為修行；其修及習是謂為行。

何謂修行道？專精寂道是為修行道。其彼修行而有三品：一曰、凡夫，二曰、學向道，三、無所學也。所謂凡夫修行，新學舊學未成，為此輩說修行道經；其不學者以為通達何所復論。彼所以謂，修行道地經寂然而觀。云何寂觀？趣於沙門四德之果。云何四德？謂為有餘泥洹之界。云何有餘？謂其當至無為之界。云何當至無為之界？謂衆苦本一切除盡。是故行者欲捨一切劇苦之惱，常當專精不興異行，不傷教禁修建寂觀，假使行者毀戒傷教，不至寂觀唐捐功夫。譬如有人鑽木求火，數數休息而不專一終不致之，既不獲火唐勞其功，其懈怠心欲求無為，譬猶亦然。於是頌曰：

常得寂然行於定，當捨憍慢及輕戲，以奉修行莫毀失，譬如冥夜開目行。
如是行者見所趣，智慧若斯精進前，奉于正化未曾懈，乃致靜漠無為道。
徹覩衆玄微妙事，觀採大德所說教，此經洪訓名寂觀，吾鈔衆經以演說。

修行道地經五陰本品第二

從若干經採明要，立不老死甘露言，耳所聽聞明者行，清淨之慧除垢冥。
入於寂然若日光，譬如月行照衆星，已獲度世當受教，是盛無量如秋月。
恭奉羅漢而稽首，能仁如空頭面禮，歸命巍巍獲甘露，除世根芽種種欲。

生若干種之果實，欣樂憂慼為諸枝，佛解五陰而本無，當觀衆經從其原。

修行道者，當復觀身五陰之本，色、痛、想、行、識是謂五陰也。譬如有城若干家居，東西南北合乃為城。色亦如是，亦不一色為色陰也；痛、想、行、識亦復如此，非但一識名為識陰。彼有十入，或色觀法，是為色陰也。八百痛樂名之痛陰，想、行、識陰各有八百乃名為陰。解五陰本亦當如斯。於是頌曰：

色痛想行識，　五陰之所起，　譬如有大城，　若干家名色。
非一色為色，　凡有十色入，　痛樂有八百，　想行識亦爾。
慧人解此法，　若干乃名陰，　分別知非一，　行者之所念。

修行道地經五陰相品第三

合集衆事而相連，用離慧言捨佛教，習於愚癡不了了，譬如有樹多枝葉。
其五觚生而分布，無巧便種亦如是，當了五陰為若斯，黠人解慧明知此。
所以生長有姓地，所講法言如蜜塗，比丘譬蜂採華味，猶若蓮華之開剖。

其慧覺了勝日出，佛復超越勝蓮花，佛之清潔無所著，是故稽首歸命尊。
其相淡然達無礙，寂寞無想而得定，未曾有退還墮落，而以救濟至無為。
秉意將導而示現，教訓群萌如己行，以愍傷吾是故說，乃為當來衆生類。

其修行者當解五陰相。云何各知五陰之相？有光明為色，有像相亦復為色；手所獲持亦名為色，若示他人亦復是色也。習樂為痛，不樂、不苦亦復是痛，是為痛想也。識相為想，若男、若女及餘衆物，是曰思想。有所造作名之為行，若作善行、若作惡行，亦不善惡，是謂為行。曉想為識，善不善亦非有善、亦非不善，曉是為識。如是各了五陰之相。於是頌曰：

色者不安多瑕穢，佛說經教實如應，如其所言隨順行，分別五陰若干相。

修行道地經分別五陰品第四

而以甘露滅盛火，消除五陰諸苦本，其慧光明喻日光，三界普奉吾亦歸。
佛能仁尊深慧力，解了清淨之智黠，順其所知而現義，採佛法教隨應說。

當分別解聽其講，今者導彼順定意，別了五陰本所興，博引衆義善思之。

其修行者當分別了五陰行本。何謂曉了五陰之本？譬如四衢墮貫真珠，有人見之意中欣然欲往斂取。其人目見真珠之貫謂應色陰，愛樂可意是謂痛陰，初始見之識是貫珠名為想陰，其人生意欲取貫珠是為行陰，分別貫珠是為識陰。如是五陰如是五陰如一貫珠，一時俱行造若干行，若從心出如一貫珠，同時俱興退從五陰；一切諸人亦復如是，目所見色五陰皆從。如是耳聲、鼻香、舌味、身更、心法，心中四陰為無色陰。如是為別五陰之本。於是頌曰：

無極之德分別說，如其所講經中義，貪欲者迷不受教，吾今順法承其講。

修行道地經五陰成敗品第五

明智之無世尊要，調順無低獲其際，已超境界無邊岸，稽首世尊稱無量。

所講猶日明，照弟子若茲，了知于塵勞，除畏如萎華。

其覩諸起滅，了五陰成敗，願稽首彼佛，聽我說尊言。

修行道者當知五陰成敗之變。何謂當知五陰成敗？譬若如人命欲終時，逼盡故，其人身中四百四病前後稍至，便值多夢而覩瑞怪，而懷驚恐：夢見蜜蜂、烏鵲、鵰鷲住其頂上，覩衆住堂在上娛樂，身所著衣青、黃、白、黑，騎亂毦馬而復嗚呼；夢枕大狗，又枕獼猴，在土上臥；夢與死人、屠魁、除溷者共一器食，同乘遊觀；或以麻油及脂醍醐自澆其身，又服食之，數數如是；見蛇纏身，倒掣入水；或自覩身歡喜踊躍，拍髀戲笑；或自覩之華飾墮灰，以灰坌身復取食之；或見蟻子，身越其上；或見嚼鹽，狗犬、獼猴所見追逐，各還嚙之；或見娶婦，又祠家神，見屋崩壞，諸神寺破；夢見耕犁，犁墮鬚髮；或時牙齒而自墮地，又著伍白衣；或見己身倮跣而行，麻油塗身，宛轉土中；夢服皮草弊壞之衣；夢見他人乘朽敗車，到其門戶欲迎之去；或見衆花甲煎諸香，親屬取之以嚴其身，先祖為現顏色青黑，呼前捉抴數作此夢；游丘塚間捨取華瓔，及見赤蓮華落在頸，墮大河中為水所漂；夢倒墮水五湖九江，不得其底；或見其身入諸叢林，無有華果，而為荊棘鉤壞軀體，以諸瓦石鎮其身上；或見枯樹都無枝葉，夢緣其上而獨戲樂，在於廟壇而自搏舞；或見叢樹，獨樂其中欣欣大笑，折取枯枝束負持行；或入冥室不知戶出，又上山嶽巖穴之中不知出處；復見山崩鎮己身上，悲哭號呼；或見群象忽然來至，躡蹈其身；夢見土塵坌其身首，或著弊衣行於曠野；夢見乘虎而暴奔走，或乘驢狗而南遊行；入於塚間收炭爪髮，自見其身戴於枯華，引入大山，閻王見問。於是頌曰：

處世多安樂，　命對至乃怖，　為疾所中傷，　逼困不自在。
心熱憂惱至，　見夢懷恐懼，　猶惡人見逐，　憂畏亦如是。

其人心覺已，心懷恐怖身體戰慄，計命欲盡，審爾不疑：「今吾所夢自昔未有。」以意懅故，衣毛為竪，病遂困篤震動不安，譬如猛象羣衆普至踏蹈芭蕉，病轉著床其譬如是；窮迫無計便求歸醫，昆弟、族親見困如此，遣人呼醫。所可遣人，體多垢穢，衣被弊壞，或手爪長戴裂繖蓋，其足履決木跂屣破，乘朽壞車，顏色正黑兩眼復青，而數以手摩拉鬚髮；所可駕牛，或青或黑，又有正白。急急呼醫捉來上車。於是頌曰：

人行遊觀時，　唯樂無益事，　放恣於所欲，　未曾念於醫。
體適有疾病，　困篤著床席，　然後乃請醫，　欲令療其疾。

於時，其醫以意察之，病者必死。所以者何？見此怪應，視來呼人服色、語言、持壞繖蓋、鬚爪毛亂，又其日惡，若四日、六日、十二日、十四日，以此日來者皆為不祥，醫即不喜，以觝星宿，失於良時，神仙先聖所禁之日。醫心念言：「雖值此怪星宿吉凶，或可治療。所以者何？雖有病者方便消息，本命未盡想當除愈，若對至者不能令差。以是言之，不必在善日星宿吉凶，是故慧人，不從曆日而求良時。神仙常言：『當求方便。』或風寒病，命未盡者，儻有橫死，是者可治。設命應盡，無如之何；雖爾，往而治之猶勝不行。」醫念此已，即起欲去。於是頌曰：

譬如有二人，　俱發行入海，　或有到彼岸，　或而中斷絕。
墮于疾病海，　其譬亦如是，　儻時從病差，　而有更死者。

於是其醫，已到病家，則有惡怪，便聞殈聲，亡失、焚燒、破壞、斷截、剝撥、掣出、恐殺、曳去、發行、拘閉，當以占之，不可復療，以為死已。南方狐鳴，或聞烏梟聲，或見小兒以土相坌，而復裸立相挽頭髮，破毀瓶盆及諸器物；見此變已，前省病人，困劣著床。於是頌曰：

醫則占視病者相，驚怖惶惶而不安，或坐或起復著床，煩懣熱極如燒皮。

醫覩如是，便心念言：「如吾觀歷諸經本末，是則死應：面色惶懅，眼睫為亂，身體萎黃，口中涎出，目冥昧昧，鼻孔騫黃，顏彩失色，不聞聲香，脣斷舌乾，其貌如地，百脈正青，毛髮皆竪，捉髮搯鼻，都無所覺，喘息不均，或遲或疾。」於是頌曰：

面色則為變，毛髮而正竪，直視如所思，舌強怪已現。
病人有是應，餘命少少耳，疾火之所圍，如焚燒草木。

復有異經，說人終時，諸怪之變，設有洗沐，若復不浴；設燒好香、木櫁、梅檀、根香、花香，此諸雜香，其香實好，病者聞之，如燒死人骨、髮、毛、爪、皮膚、脂、髓、糞*塗之臭也，又如梟、鷲、狐狸、狗、鼠、蛇、虺之臭也。

病者聲變，言如破瓦，狀如咽塞，其音或如鶴、鴈、孔雀、牛、馬、虎、狼、雷、鼓之聲；其人志性變改不常，或現端政其身柔軟，或復麁堅身體數變，或輕、或重而失所願。此諸變怪，命應盡者，各值數事，不悉具有。於是頌曰：

覩見若干變，　眾惱趣逼身，　志懷於恐怖，　遭厄為若斯。
人性敗如此，　身變不一種，　猶如竹葦實，　自生自然壞。

今我所學如所聞知，人臨死時，所現變怪：口不知味，耳不聞音，筋脈縮急，喘息不定；體痛呻吟，血氣微細，身轉羸瘦，其筋現麁；或身卒肥，血脈隆起，頰車垂下，其頭戰掉，視之可憎，舉動舒緩；其眼童子甚黑於常，眼目不視，便利不通，諸節欲解，諸根不定；眼口中盡青，氣結連喘。諸所怪變，各現如此。於是頌曰：

其病惱無數，　血脈精氣竭，　如水嚙樹根，　當愍如拔栽。

於時，醫心念言：「有如此病，必死不疑。古昔良醫，造結經文，名曰：於彼除恐、長耳灰掌、養言長育、急教多髯、天又長蓋、大首退轉、燋悴大白、最尊路面、調牛、岐伯、醫佪、扁鵲，如是等輩悉療身病。」於是頌曰：

於彼之等類，　尊法梵志仙，　正救所有果，　及餘王良醫。
此為主成敗，　博知能度厄，　愍以經救命，　猶如梵造法。

復有其醫，主治耳目，名曰：眼眴動搖、和闘鈴鳴、月氏英子、箆藏善覺、調牛目金、禿梟力氏、雷鳴，是上醫名主治耳目。於是頌曰：

眼眴醫之等，　造合藥分明，　除疾之瑕冥，　如日滅諸冥。

復有瘡醫，治療諸瘡，名曰：法財稚弟、端政辭約、黃金言談，是為瘡醫等。於是頌曰：

其有能療治，　百種之瘡痍，　能除衆厄疾，　如以腳平地。
法財所以出，　於世造經書，　正為治瘡病，　令衆離患難。

復有小兒醫，其名曰：尊迦葉耆域、奉慢速疾，是等皆治小兒之病。於是頌曰：

譬如有蒼頭，　捐務除貢高，　故生於世俗，　愍傷治小兒。

此尊迦葉等，　行仁以正法，　哀念童幼故，　則作於醫經。

復有鬼神醫，名曰：戴華、不事火，是等辟除鬼神來嬈人者。於是頌曰：

諸宿轉周行，　人生猶亦然，　主有所恐怖，　而多有危害。

造立是經者，　悉為解其患，　如佛以正法，　除愚令見明。

正使合會此上諸醫及幻蠱道并巫呪說，不能使差，令不終亡。於是頌曰：

造作罪塵勞，　勤苦懷衆惱，　病痛亂其志，　名垢命日促。

為病所漂沒，　死證見便怖，　天帝諸神等，　不救安況吾。

醫心念言：「曼命未斷，當避退矣！」便語衆人：「今此病者，設有所索飯食美味，恣意與之，勿得逆也。吾有急事而相捨去，事了當還。」故興此緣，便捨退去。於是頌曰：

命欲向斷時，　得病甚困極，　與塵勞俱合，　罪至不自覺。

怪變自然起，　得對陰熱極，　正使執金剛，　不能濟其命。

是時，病家大小男女聞醫所說，便棄湯藥及諸呪術，家室、眷屬、宗黨、比鄰、親厚、知識悉來聚會，圍遶病者，悲哀啼哭，觀念病困。譬如屠家羣中捕猪，牽欲殺之，餘猪悉聚驚怖，側耳聽聲惶懅愕視；譬如猛虎羣中搏牛，餘牛見之驚怖而走，或入山巖，或投深谷，又入樹間，跳騰哮吼；譬如魚師持網捕魚，餘魚見之怖散沈竄石岸、草底；又如蒼鷹臨其衆鳥有所瓟取，餘鳥見之各散飛去。其人如是，無常對至，其身壞散，家室、親屬念當別離，悲哀若斯，命臨欲斷；閻王使者自然來至，其到見縛鐵箭所射，上生死船罪所牽引，即欲發去。家室繞之，放髮悲慟，塵坌其面目，哀泣歎息，涕淚流面，皆言：「痛哉！奈何相捨！」椎胸鬱悒，稱歎病者若干德行，心懷懊惱。於是頌曰：

人其疾苦困，　身冷消離熱，　室家悉聚會，　舉聲而悲哀。
造業更苦樂，　如蜂採華味，　心遂受憂慼，　并惱一宗門。

其人疾病如是身中刀風起，令病者骨節解。有風名科，斷諸節解；有風名震，令筋脈緩；有風名破骨，消病人髓；有風名減，變其面色，眼、耳、鼻、口、咽喉皆青，出入諸孔斷絕，破壞剝剝其身；復有一風名曰止脇，令其身內及膝、肩、脇、背、脊、腹、齊，大小之腸、肝、肺、心、脾并餘諸藏皆令斷絕；有風名旋，令其肪血及大小便、生藏、熟藏所食不通，寒熱悉乾；有風名節間，令諸支節，或縮或伸，而擧手足欲捉虛空，坐起煩憒，有時笑戲，又復大息，其聲懇惻，節節以斷，筋脈則緩，髓腦為消，目不見色，耳不聞聲，鼻不別香，口不知味，身冷氣絕，無所復識，心下尚煗，魂神續在，挺直如木，不能動搖。於是頌曰：

其刀風起時，　身動多不安，　衆緣普皆至，　悉不自覺知。
身遭若干惱，　命乃為窮盡，　譬如弓弩弦，　緩急不可用。

爾時，彼人其心周匝所有四大，皆為衰落，微命雖在如燈欲滅。此人心中有身意根，其生存時所為善惡，即心念本殃福吉凶，今世、後世所可作為，心悉自知，奉行善者面色和解，其行惡者顏貌不悅。其人心喜，面色則好，當知所歸，必至善道；其面色惡，心念不善，則趣惡道。如有老人而照淨鏡，皆自見形，頭白、面皺、齒落、瘡痍、塵垢、黑醜、皮緩、脊僂、年老戰疚；設見如是，還自羞鄙，閉目放鏡：「吾已去少！衰老將至，心懷愁憂，已離安隱至於窮極。」素行惡者臨壽終時，所見惡變愁慘恐怖，深自剋責：「吾歸惡道，定無有疑。」亦如老人照鏡，見身知為衰至。於是頌曰：

金寶等所作，　巧拙成不同，
設有行惡者，　沈沒於深淵。
已沒雖更生，　顧視無所依，
如為水所漂，　臨死亦若斯。

其有行善，為有三輩，攝身、口、意，淨修衆德，以法為財，臨壽終時，心懷喜踊：「吾定上天！譬如賈客遠行治生，得度厄道多獲財利，還歸到家心悅無量；又如田家犁不失時，風雨復節多收五穀，藏著篅中意甚歡喜；如困病得愈得畢償債，中心踊躍亦復如是；猶蜂採花以用作蜜，積德亦爾。」其意大悅：「我定上天！」於是頌曰：

其有學正士，　積累行真法，
以度於衆患，　自致得明道。
譬如閑居者，　高山望其下，
彼人命盡時，　見善道若斯。

爾時，其人命已盡者，身根識滅，便受中止。譬若如稱，隨其輕重或上、或下，善惡如是。神離人身住於中止，五陰悉具無所乏少，死時五陰不到中止，中止五陰亦不離本也；譬以印章以用印泥，印不著泥亦不離之。如種五穀苗生莖實，非是本種亦不離本，如是人死精神魂魄不齊五陰，亦不離本也。隨本所種各得果報，其作德者住善中止，履行惡者在罪中止，唯有道眼乃見之耳。

處於中止而有三食：一曰、觸軟，二曰、心食，三曰、意識。在中止者，或住一日極久七日，至父母會，隨其本行，或趣三塗、人間、天上。行惡多者，在中止中見大火起，圍遶其身，猶如野火焚燒草木，塵雨其形，見烏、鵰、鷲、惡人之類，爪齒皆長面目醜陋，衣服弊壞頭上火然，各執兵仗為所撾棒，矛刺刀斫心懷恐懼；欲求救護遙見叢樹，走往趣之，爾時即失中止五陰入刀劍樹泥犁之中，墮地獄者神見若此。於是頌曰：

迷惑如醉象，　違失聖法教，　染濁如潦水，　心憒亂若斯。
常捐於正道，　放心入邪徑，　此人遭衆苦，　命終墮地獄。

行小惡者，見火煙塵繞滿其身，及為師子、虎、狼、蛇虺、群象所逐，又見故渠、泉源、深水、崩山、大澗，心懷怖懅，赴趣其中，爾時即失中止五陰，墮畜生處，見是變者，知受獸身。於是頌曰：

習癡捨慧便，　或醉墮冥道，　惡口常麁言，　喜行撾捶人。
又為犯罪殃，　樂為不善事，　如是無慈者，　生於畜獸中。

罪若微者，周匝四面有熱風起，身體欝蒸自然飢渴，遙見人來皆持刀杖、矛戟、弓箭而圍遶之，望見大城意欲入中，適發此心，即失中止所受五陰，生於薜荔，其見如是變，當知墮餓鬼中。於是頌曰：

剛弊喜譖人，　遠戒不順法，　犯禁穢濁事，　貪饕而獨食。
墮於膿血處，　飢餓煩惱極，　當知此輩人，　定入為餓鬼。

清修德善，涼風四來其風甚香，若干種熏雨其身上，諸妓樂音相和而鳴，瞻視園觀、樹木、花果，而悉茂盛，發意欲往，即時便失中止五陰，精神自然上忉利天。於是頌曰：

習法歸聖道，　種福業生天，　妓樂以自娛，　遊諸花樹間。

美豔玉女衆，　端正光從容，　常觀心欣悅，　居止太山頂。

行不淳一或善、或惡，當至人道。父母合會，精不失時，子應來生。父母德想而俱同時等，其母胎通無所拘礙，心懷喜躍而無邪念，則為柔軟而不憹悷，無有疾疹堪任受子；不為輕慢亦無反行，順其正法不受濁污，即捐一切瑕穢之塵。其精不清亦不為濁，中適不強，亦不腐敗，亦不赤黑，不為風寒衆毒雜錯，與小便別，應來生者，精神便趣。心自念言：「設是男子不與女人共俱合者，吾欲與通。」起瞋怒心恚彼男子，志懷恭敬念於女人，瞋喜俱作，便排男子欲向女人；父時精下，其神忻歡，謂是吾許。

爾時，即失中止五陰，便入胞胎，父母精合，既在胞胎倍用踊躍，非是中止五陰亦不離之。入於胞胎是為色陰，歡喜之時為痛樂陰，念於精時是為想陰，因本罪福緣得入胎，是為行陰，神處胞中則應識陰，如是和合名曰五陰。

尋在胎時，即得二根：意根、身根也。七日住中，而不增減，又二七日，其胎稍轉，譬如薄酪；至三七日，似如生酪；又四七日，精凝如熟酪；至五七日，胎精遂變，猶如生酥；又六七日，變如息肉；至七七日，轉如段肉；又八七日，其堅如坏；至九七日，變為五皰，兩肘、兩髀及其頸項，而從中出也；又十七日，復有五皰，手腕腳腕及生其頭；十一七日，續生二十四皰，手指、足指、眼、耳、鼻、口此從中出；十二七日，是諸胞相，轉成就；十三七日，則現腹相；十四七日，生肝、肺、心及其脾、腎；十五七日，則生大腸；十六七日，即有小腸；十七七日，則有胃處；十八七日，生藏、熟藏起此二處；十九七日生髀及蹲、腸、骸、手掌、足趺、臂、節、筋連；二十七日，生陰、臍、乳、頤、項、形相。

二十一七日，體骨各分，隨其所應，兩骨在頭，三十二骨著口，七骨著項，兩骨著髀，兩骨著肘，四骨著臂，十二骨著胸，十八骨著背，兩骨著髖，四骨著膝，四十骨著足，微骨百八與體肉合其十八骨著在兩脇，二骨著肩，如是身骨，凡有三百而相連結，其骨柔軟如初生瓠；二十二七日，其骨稍堅，如未熟瓠；二十三七日，其骨轉堅，譬如胡桃，此三百骨，各相連綴，足骨著足、膝骨著膝、踝骨著踝、髀骨著髀、髖骨著髖、脊骨著脊、胸骨著胸、脇骨著脇、脣骨著脣，項、頤、臂、腕、手、足諸骨轉相連著，如是聚骨猶若幻化，又如合車骨為垣牆，筋束、血流、皮肉塗裹，薄膚覆之，因本罪福，果獲致此，無有思想依其心元，隨風所由牽引舉動。於是頌曰：

其五骨積聚，　隨心輕放恣，　在身現掣頓，　猶如牽拽蛇。
前世所造行，　善惡所興法，　譬如人行路，　或平或荊棘。

二十四七日，生七百筋，連著其身；二十五七日，生七千脈，尚未具成；二十六七日，諸脈悉徹，具足成就，如蓮華根孔；二十七七日，三百六十三筋皆成；二十八七日，其肌始生；二十九七日，肌肉稍厚；三十七日，纔有皮、有像；三十一七日，皮轉厚堅；三十二七日，皮革轉成；三十三七日，耳、鼻、脣、指、諸膝節成；三十四七日，生九十九萬毛孔髮孔，猶尚未成；三十五七日，毛孔具足；三十六七日，爪甲成。三十七七日，其母腹中若干風起，有風開兒耳、目、鼻、口；或有風起，染其髮毛，或端正，或醜陋；又有風起，成體顏色，或白、赤、黑，有好、有醜皆由宿行；在此七日中生風寒熱，大小便通。於是頌曰：

是身筋纏裹，　諸血脈所成，　不淨盛腐積，　水洗諸漏孔。
虛覆心使然，　巧偽而合成，　機關如木人，　求之甚難得。

三十八七日，在母腹中隨其本行，自然風起，宿行善者便有香風，可其身意柔軟無瑕，正其骨節令其端正，莫不愛敬也；本行惡者則起臭風，令身不安不可心意，吹其骨節令僂邪曲，使不端正又不能男，人所不喜也。是為三十八七日，九月不滿四日，其兒身體、骨節，則成為人。於是頌曰：

人在身九月，　則具諸體脈，　骨節皆成就，　滿足無所乏。
腹中漸自辦，　稍稍而成長，　期至悉具足，　如月十五日。

其小兒體而有二分，一分從父，一分從母，身諸髮、毛、頰、眼、舌、喉、心、肝、脾、腎、腸、血，軟者從母也；爪、齒、骨、節、髓、腦、筋、脈，堅者從父也。於是頌曰：

人體相連綴，　皆由父母生，　若干之節解，　因緣化成立。
依而致顏色，　悉當為衰耗，　衆材合起車，　計體猶亦然。

作前有二事，　立身譬若斯，　因從父母報，　然後乃得生。

其小兒在母腹中，處生藏之下，熟藏之上，男兒背外而面向內，在左脇也；女子背母而面向外，處在右脇也。苦痛臭處污露不淨，一切骨節縮不得伸，捐在革囊腹網纏裹，藏血塗染所處逼迮，依因屎尿瑕穢若斯。其於九月此餘四日，宿有善行，初日、後日發心念言：「吾在園觀亦在天上。」其行惡者謂：「在泥犁世間之獄。」至三日中，即愁不樂。到四日時，母腹風起，或上或下，轉其兒身，而令倒懸，頭向產門。其有德者，時心念言：「我投浴池，水中遊戲，如墮高床華香之處也。」其無福者，自發念言：「吾從山墮，投於樹岸、溝坑、溷中，或如地獄、羅網、蕀上、曠野、石澗、劍戟之中！」愁憂不樂。善惡之報，不同若此。於是頌曰：

如投燒熱火，　亂煙來圍繞，　放逸果所致，　處形若沸湯。
苦樂之所由，　皆因罪福成，　在在生所作，　受身各如是。

其小兒身既當向產，又墮地時外風所吹，女人手觸煖水洗之，逼迫毒痛猶如瘡病也。以是苦惱恐畏死亡，便有癡惑是故迷憒，不識本來去至何所也。適生在地，血纏臭處，鬼魅來繞，姦邪所中，飛屍所觸，蠱道、癲鬼各伺犯之。如四交道墮一叚肉，烏鵶、雕狼各來諍之，諸邪魅鬼欲得兒便，周匝圍繞亦復如是。宿行善者邪不得便，設宿行惡衆邪即著。兒初生時因母乳活，稍稍長大因食得立。

於是頌曰：

在於胞胎時，　遭若干苦惱，　既生得為人，　其痛有百千。
諸根已成就，　因出危脆身，　有生必老死，　是為最不真。

兒已長大揣哺養身，適得穀氣其體即時，生八十種蟲。兩種在髮根：一名舌舐，二名重舐。三種在頭，名曰：堅固、傷損、毀害。一種在腦，兩種在腦表：一名蛕味，二水秏擾，三名憒亂。兩種在額：一名卑下，二名朽腐。兩種在眼：一名舌舐，二名重舐。兩種在耳：一名識味，二名現味英。兩種在耳根：一名曰赤，二名復赤。兩種在鼻：一名曰肥，二名復肥。二種在口中：一名曰搖，二名動搖。兩種在齒中：一名惡弊，二名凶暴。三種在齒根，名曰：喘息、休止、捽搣。一種在舌，名曰甘美。一種在舌根，名曰柔軟。一種在上齗，名曰來往。一種在咽，名為嗽喉。兩種在瞳子：一名曰生，二名不熟。兩種在肩：一名曰垂，二名曰復垂。一種在臂，名為住立。一種在手，名為周旋。兩種在胸：一名額坑，二名廣普。

一種在心，名為班駮。一種在乳，名曰湩現。一種在臍，名為圍繞。兩種在脇：一名為月，二名月面。兩種在脊：一名月行，二名月貌。一種在背胸間，名為安豐。一種在皮裏，名為虎爪。兩種在肉：一名消膚，二名燒樹。四種在骨，名為：甚毒、習毒、細骨、雜毒。五種在髓，名曰：殺害、無殺、破壞、離骸、白骨。兩種在腸：一名蜣蜋，二名蜣蜋嘴。兩種在細腸：一名兒子，二名復子。一種在肝，名為喂喋。一種在生藏，名曰帔忮。一種在熟藏，名為太息。一種在穀道，名為重身。三種在糞中，名曰：筋目、結目、編髮。兩種在尻：一名流下，二名重流。五種在胞，名為：宗姓、惡族、臥寐、不覺、護汁。一種在髀，名為撾杖。一種在膝，名為現傷。一種在踝，名為鍼嘴。一種在足指，名為燋然。

一種在足心，名為食皮。是為八十種蟲，處在人身，晝夜食體。於是頌曰：

從頭髮下至足，　遍中蟲消食人，　計念之為瑕穢，　譬喻比如濁水。

從己生反自殘，　如刀怨患害人，　常來齧傷其身，　若流水侵兩岸。

其人身中因風起病，有百一種，寒、熱、共合，各有百一，凡合計之，四百四病在人身中。如木生火，還自燒然；病亦如是，本因體興，反來危人。及身中表八十種蟲，擾動其身令人不安，豈復況外諸苦之惱也！計身如是，常有憂患，凡夫之士自謂為安，不聞不解。所以者何？不見諦故。於是頌曰：

髮毛諸爪齒，　心肉皮骨合，　精血寒熱生，　髓腦脂生熟。

諸寒涕唾淚，　大小便常漏，　非常計不淨，　愚者謂為珍。

計念人身覆以薄皮，如合棗奈，皮甚薄少耳！以為蓋之人而不知，假使脫皮如困鈍肉，何可名之為是人身？骨節相拄如連鐵鎖，諦見如是尚不足蹈，況復親近而目視之！於是以偈而歎頌曰：

計本為瑕穢，　譬如臭爛屍，　亦如諸塵垢，　體蟲俱復然。

亦如畫好像，　會當歸腐敗，　以諦見本無，　安可附近之。

計人在世所作禍福，不盡其壽，亦有中夭而死傷者。譬如陶家作諸瓦器，或始破者，向欲刀治坏時破者，或摶上破、或下時破、或著地破、或拍時破、或坏燥破、或陶中破、或熟破者、或移時破者、或用破者，設使不用久久會破也。人亦如是，有初發意向來未至死者，或有二根胎如生酪，有如熟酪、息肉、段肉，具足六情，或不具足而有死者；向欲生時，又適墮地；一日、百日、一歲、十歲學業死者；二十、三十、四十、五十，從一歲死至到百歲，雖復長壽會當歸盡也。如是五陰計本皆空，展轉相依，須臾有起須臾有滅，舉足、下足而皆無常，愚癡之人不聞不知反計有身，從少至老皆謂我所，呼為一種，不知非常之變也。

修行道者思惟計之，從是致是，無是則無。何謂從是致是者？因本之行所作殃福，故致死亡而在中止，至于胞胎精神處之，形如薄酪、息肉、段肉，稍至堅肉因有六根，六根具足則便出生，從少小身及至中年，乃到老、病當復歸死，其五陰轉於生死之輪，常如川流無有休息，一切皆空譬如幻化，如是顛倒至于老、病、死。譬如有大城西門失火，從次燒之乃到東門，皆令灰燼，計東門火非是初火也，然其燋燃不離本火也；人亦如是，從本因緣隨其禍福，當觀如此從是有是也。何謂無是則無也？無有凶福及餘塵勞則不歸死，已不歸死不在中止，設無中止何從有生？已不有生，其老、病、死何由而有也？計生死流本末如此，修行道者當觀五陰所從成敗。於是頌曰：

明識諸慧義，　心淨如月盛，　秉志而專一，　愍哀三界人。
如蓮花於水，　甘美柔軟上，　口之所宣說，　聽者則欣達。
分別演本起，　了之歸滅盡，　能仁悉究竟，　以愍衆生故。
吾從佛經中，　省採而鈔取，　因佛之講說，　故造修行經。

修行道地經卷第一

修行道地經卷第二

西晉三藏竺法護譯

慈品第六

賈人行曠野，　飢渴於厄道，　導師救護之，　將至水果處。
以無為之道，　消滅諸垢毒，　積安得等心，　稽首佛世尊。
本船在巨海，　向魚摩竭口，　其船入魚腹，　發慈以濟之。
向沒之頃間，　度人及珍寶，　知無數百千，　終始之苦樂。
超越諸先聖，　其德如太山，　道智踰日光，　奉願稽首慧。

修行道者當棄瞋恚，常奉慈心·，或有行者但口發願令衆生安，不曉何緣救濟使安，雖有此言柔軟安隱，不為慈心平等定故。修行道者莫為口慈，或修行者發意念慈，欲安一切衆生之類，有此慈心亦為佳耳。非是道德具足之慈也，欲行大道莫興此慈。於是頌曰：

設使學道士，　心口言念慈，
則自尠安隱，　亦獲薄福祐。
譬如師治箭，　失墮火燒之，
安能使其箭，　成就而可用。

修行道地建大弘慈，當何行之？設修行者在於暑熱，求處清涼然後安隱；在冰寒處，求至溫暖然乃安隱；如飢得食，如渴得飲；如行遠路疲極甚困，而得車乘然後安隱；如見住立而得安坐；如疲極者得臥安隱；如人裸形得衣弊蓋；如身有垢沐浴澡洗，心大忻歡隱定寂然。若干種苦各得所便，身志踊躍得諸安故，執心不亂所可愛敬，親親恩愛父母、兄弟、妻子、親屬、朋友、知識皆令安隱；一切衆生諸苦惱者，亦復如我身得安隱，十方人民悉令度脫身心得安。欲使二親宗族中外悉令安隱，次念凡人等加以慈，普及怨家無差特心，皆令得度如我身安。

設使前念十方人民，中念怨家其心儻亂，初始之心不能頓等怨家及友中間之人者，當作是觀：「我所懷結憎於怨家，此心已過今已棄捨，更甚愛之念如父母及身妻子，亦如宗親敬之。」如是不復懷恨。察其本源五道生死，或作父母、家室、妻子、兄弟、朋友，但其久遠不復識念，以是之故不當懷怨。於是頌曰：

當發行慈心，　念怨如善友，
展轉在生死，　悉曾為親族。
譬如樹生華，　轉成果無異，
父母妻子友，　宗親亦如是。

修行道者心自念言：「假使瞋恚向於他人，則為自侵也。如木出火還自燒身，若如芭蕉生實便枯，如騾懷駒還自危身；吾亦如是，設懷瞋恚自侵猶然。有起瞋恚向他人者，儻用此罪，墮於蛇虺或入惡道。」諦觀如是不當懷惡若憎於人，當發慈哀。於是頌曰：

其有從瞋恚，　怨害向他人，
後生墮蛇虺，　或作殘賊獸。
譬如竹樹劈，　芭蕉騾懷妊，
還害亦如是，　故當發慈心。

其修道者當行等慈，父母、妻子、兄弟、朋友及與怨家，無遠無近等無憎愛，及於十方無量世界普以慈向末曾增減。有如此行乃應為慈。於是頌曰：

其行慈心者，　等意無憎愛，　不問於遠近，　乃應為大慈。

等心行大哀，　乃至三界人，　行慈如是者，　其德踰梵天。

其修道者成具慈心，火所不燒，刀刃不害，毒亦不行，衆邪不得便。於是頌曰：

刀刃不能害，　縣官及大怨，　邪鬼諸羅剎，　蛇虺雷霹靂，

師子并象虎，　及餘諸害獸，　一切不敢近，　無能中傷者。

修道習慈行當如是，夜寐安隱，寤已歡然，天人宿護未曾惡夢，顏色和悅衣食不乏。生於梵天所在之處，常端正好，眼目白黑分明，身體柔軟少於疾病，而得長壽諸天恭敬；所趣得道佛所稱歎，消於塵勞逮不退轉，以獲安隱至無餘界，而得寂度皆由慈心。於是頌曰：

其有行慈者，　端正衣食豐，　衆人皆宗仰，　長壽明如日。

臥覺行止安，　神天悉擁護，　生梵諸天敬，　世尊所稱歎。

是故修道當行慈心。於是頌曰：

其行慈心向一切，除諸瞋害是謂慈，今吾已現衆德本，觀察佛經而抄說。

修行道地經除恐怖品第七

諸所當覺了，分別悉解之，覩諸過去佛，明達為若斯。
用正等覺故，是故號為佛，明智及天龍，莫不歸命奉。
教化諸部界，除去衆瑕穢，化惡窈冥者，令心獲光明。
得安脫諸苦，除去衆恐怖，願稽首彼佛，歸命於最勝。
佛降於不調，象吼如雷震，秉志聲普聞，悉出永蒙度。
愚癡而自恣，奔走如暴雨，象名為檀鉢，以制伏貢高。
及諸龍神王，懷毒眼出火，佛以善化救，其身常寂然。
解脫而無礙，今吾願稽首，歸命寂然勝，世尊之足下。
覩魔懷恚毒，變化普為火，戴山賷兵丈，持刀及矛戟；
蛇虺擎大樹，欲來危世尊，諸鬼神普至，不懼亦不懅。

其毛如錐刀，　周匝而圍繞，　計數甚衆多，　不以為恐畏。
亦未曾驚疑，　而無諸愚癡，　已棄諸畏難，　願歸命最勝。

其行道者，若在閑居及於屏處，儻懷恐怖，衣毛為豎，當念如來功德之善，形像顏貌及法衆僧，思其戒禁分別解空，知為六分、十二因緣，奉行慈哀。假使恐怖，若念此事，無所復畏。於是頌曰：

或以恐怖而躄地，不能自正立於法，教令堅住持戒法，如風吹山不能動。
譬如彼蜂採花味，吾抄諸經亦如是，其文甚少所安多，欲除恐怖故講是。

修行道地經分別相品第八

本失於寶珠，　墮之于大海，　即時執取器，　耗海求珠寶。
精進不以懈，　執心而不移，　海神見如此，　即出珠還之。
適興此方便，　休息意天王，　超至大寶山，　不以為懈惓。
能究竟本無，　稽首無所著，　所願而不轉，　歸命禮最勝。

如龍王蟠結，　端坐亦如是，　求道以精進，　大力起得佛。
獨步於七日，　能忍化女人，　稽首彼至尊，　信見而不轉。

其行道者，心設自念：「在於生死不可稱計，習婬、怒、癡已來甚久，人命既短又復懈怠，安能一生除盡諸瑕乎？」若有此念，當作是觀：「譬如故舍初無居者，若干之歲冥不燃燈，執火而入冥即消索也。雖為久習塵垢衆毒，以有智慧諸瑕則滅。所以者何？智慧力強愚癡劣故。」於是頌曰：

欲求道義莫懈怠，以得法利離衰耗，承佛光明之智慧，除婬怒癡悉永盡。

誰能奉斯順道如是，唯有信者、精進、智慧、無諂有志爾乃順行。何謂為信？見知萬物皆歸無常，所可受身悉為憂苦，三界悉空，一切諸法計皆無我，解如此者是謂為信。於是頌曰：

其行修道者，　計知世不安，　萬物盡非常，　其受身皆苦。
三界悉為空，　一切法無我，　所在能受行，　是故謂有信。

設有吾我想，　則為顛倒人，　能解了悉空，　即當知是佛。
獲致甘露道，　覺了如是者，　無有能動搖，　此乃謂為信。

修行道者，何謂精進？假使行者專精空無，心不捨離是謂精進。設野火燒稍來近座，並燒衣服上及首目，心當念言：「火燒我頭，正使焦燃骨肉皮肌，令我身死終不捨行。所以者何？雖燒吾身為不足言，其內體中婬、怒、癡火，展轉生死三惡道中，燒我身來無央數世，未得究竟至於道德；雖燒一身不足為救，但當力濟婬、怒、癡火，已得滅度不復退還，已無有身，則無內外諸火之患。此婬、怒、癡不可輕滅，譬如以糠欲消銅鐵，終不能也。執心堅強一切方便，乃可除盡婬、怒、癡病。」於是頌曰：

其有專精於道德，當爾之時莫惜身，譬如有象洗其身，沐浴適淨復臥土。
假使急厄來及已，雷電霹靂不以驚，譬如萎華人不惜，捐棄塵勞當如是。

修行道者，何謂智慧？曉了寂定時，知當觀時，知察慧時，知受法時，了知定意正受之時，亦知遲疾從定起時；分別己心所有善惡，譬如良醫知腹中病也。

當制其心莫令放恣，譬如健象墜向溝井將，養之者以御抑之，不令墮落，修行道者制斷外著，亦當如是。知心因緣，諸想所奉，譬如明者知食所便，又如宰人知君主意，所嗜可否也。了知方便，一切解脫進止所趣，猶如金師別金好醜。

設行道者離於明智，不了道趣心懷恐懼，以是為非，以非為是，則不成慧。其行道者設得一禪至第二禪，則自畏懼謂為失禪，不知轉寂也。心自念言：「咄哉！迷設本有善應，而念反失，心便移走也。」在歡喜悅離於定意，則自限心而不得前，懷疑如此便為失禪，謂成不成，謂不成為成。云何了知禪定之意？專心秉志入第一禪，心在滅定，適作是行入第二禪。所以迷者，久習俗事，未知正諦及諸漏盡，用不了諦，志在所漏故也。求第二禪不能制心，則不具禪，是故行者當知此非也。設行者明不作是迷，則不失禪，斯謂智慧。於是頌曰：

假使曉了身諸法，則知其意所歸趣，方便制止心所趣，譬如鐵鉤調白象。
其有明了解定意，分別寂觀亦如是，常以智慧無猶豫，住於道德如法教。

修行道者云何不邪？謂不諛諂，其心質直專精行道，敦信守誠。設使在行而不為行，諸所塵勞不可之事，悉向法師說其瑕疹；譬如病者而有疾苦，悉當為醫至誠說之。法師觀察行者志意，應所乏短為其說法。於是頌曰：

行者懷質直，其心無諛諂，承受法師教，斷諸塵勞垢。
安隱善清淨，專精勤修道，奉經如佛教，遵法猶戰鬪。

假使行者情欲熾盛，為說人身不淨之法，有三品教：一曰身骨如鎖，支拄相連；二曰適受法教，便觀頭骨；三曰已了是觀，復察額上，係心著頭。

假使瞋怒而熾多者，為說慈心，慈有四品：一曰、父母宗親，二曰、中間之人無大親踈，三曰、凡人衆庶，四曰、以得是行等施慈心護於怨家。仁心具足，則除九惱及與橫瞋。分別此義，雖有親厚則遠離之。

何謂九惱而橫瞋者？一曰、心自念言：「此人本曾侵抂我。」二曰、此人後儻侵我，三曰、今復欺我，四曰、過去之時抂我親友，五曰、後儻復侵我親友，六曰、於今現復欺我親友，七曰、其人前時敬我怨家，八曰、後儻復敬，九曰、於今現復敬之。雖有是心悉當棄捨。

何能令人不侵己身？但當自守不侵人耳。是我宿罪不善之報，致此惡果也。吾親友本亦有罪，故致此患也，及吾怨家素與彼人宿舊親親，又有福德令人敬耳。三品九惱不足懷恨。

何謂橫瞋？未曾相見，見便恚之。即當思惟：「此人未曾侵枉我身，今亦無過復且無失，何故懷惡視他人乎？其發惡心橫加於人，還自受罪，譬如向風揚塵還自坌身也。修行道者不能滅恚令不起者，此輩之人不入道品，如坏盛水不能致遠也。能制恚者如水澆火，則無所害，是應修行人於道律。以是之故雖遭苦惱，刀鋸截身，莫起瞋恚，如燒枯樹無有恨心，況復瞋恚向精神者！」於是頌曰：

等觀於己身，　凡人怨無異，　棄捐諸九惱，　立志不橫瞋。
制心不懷恨，　如枯樹無恚，　修行道地者，　如是無瑕穢。

修行道者設多愚癡，當觀十二因緣分別了之：從生因緣而有老死，設不來生則無終始。於是頌曰：

不癡則無生，　已除老死患，　覩本無有始，　何從致衰盡。

原因六情興，　多亂故致癡，　從癡有結網，　轉成愚冥癡。

修行道者設多想念，則為解說出入數息，喘息已定，意寂無求。於是頌曰：

數息求止及相隨，　觀正諦想心便止，　本性淨者奉如是，　獨坐多想不成行。

修行道者設多憍慢，為說此義：人有三慢，一曰、言我不如某，二曰、某與我等，三曰、我勝於某。有念是者，為懷自大，當作此計：「城外塚間棄捐骨鎖，頭身異處，無有血脈皮肉消爛，當往觀此貧富、貴賤、男女、大小、端正、醜陋，枯骨正等有何殊別？本末終時，肉衣、皮裹、血潤、筋束、衣服、香花、瓔珞其身，譬如幻化巧風所合，因心意識周旋而行，至於城郭、國邑、聚落，出入進止。」作是觀已，無有憍慢。本無觀者見於塚間及一切人等而無異。於是頌曰：

其有豪富貴，　乘駕出城遊，　及散棄塚間，　計之等無異。

閑居處樹下，　若有作是觀，　執心而行道，　慢火不能燒。

法師說經，觀察人情凡十九輩。以何了知？分別塵勞，爾乃知之。何謂十九？一曰、貪婬，二曰、瞋恚，三曰、愚癡，四曰、婬怒，五曰、婬癡，六曰、癡恚，七曰、婬怒愚癡，八曰、口清意婬，九曰、言柔心剛，十曰、口慧心癡，十一者、言美而懷三毒，十二者、言麁心和，十三者、惡口心剛，十四者、言麁心癡，十五者、口麁而懷三毒，十六者、口癡心婬，十七者、口癡懷怒，十八者、心口俱癡，十九者、口癡心懷三毒。於是頌曰：

其有婬怒癡，合此為三毒，兩兩而雜錯，計便復有四。
口柔復有四，口癡言癡四，世尊之所說，人情十九種。

何而知人有貪婬相？文飾自喜調戲性急，志操忽忽性如獼猴，而多忘誤，智詐淺薄無有遠慮，舉動所為不顧前後，造作不要多事恐怖，多言喜啼易詐易伏，安隱易解十耐勤苦，得小利入大用歡喜，忘失小小而甚憂慼，聞人稱譽歡喜信之，伏匿之事悉為道說，體溫多污皮薄身臭，毛髮稀踈多白多皺，不好長鬚白齒起行，喜淨潔衣好著文飾，莊嚴其身喜於薄衣，多學伎術無所不通，數行遊觀常喜含笑，綺飾奉戒性和敬長，見人先問巧黠妍雅，性不佷戾慚愧多慈，分別好醜取與交易，柔和多哀多所恩惠，於諸親友放捨施與，所有多少不與人爭，所惠廣大，觀顧身形所作遲緩，了知世法悉能決斷；若見好人敬而重之，覺事翻疾，工於言語黠慧言和，多有朋友不能久親，少於瞋恚尊敬長老，臥起行步而不安詳，雖學于法愛欲財物，親屬朋友捨不堅固，結友不久，聞色欲事即貪著之，說其惡露尋復厭之，易進易退。以是之故，為貪婬相。於是頌曰：

卒暴輕舉如獼猴，常歡喜笑又喜啼，得利大喜失甚憂，多於言語易降伏。
志惑忽忽而驚恐，自喜易詐信人語，志性多忘無遠慮，好按戒法而有慧。
貪視於色志善施，綺顧其身敬朋友，舒緩體溫為多污，喜信慚軟而有勇。
於法財色及親友，不可便跡尋即悔，諸所造學即能得，雖疾知之速忘失。
花飾莊嚴其衣服，所作不要而敬老，智者敬之有學志，通達能明而和解。
常喜出城行遊觀，美於言語亦樂聽，利口便辭能分別，所處臥坐不忍久。
柔軟性至誠，輕事不顧後，志卒不耐苦，朋友好惠施。
憎長鬚喜短，自喜然而臭，巧黠多皺白，奉戒慧無礙。
見人先問訊，衣薄面齒淨，有慈易從事，起行不惜財。

別知人行慈，　易教不很戾，　佛說性如是，　為應貪婬相。

當何以觀瞋恚之相？解於深義不卒對恨，若怒難解無有哀心，所言至誠惡口麁⿰麥黃，普懷狐疑不尋信之，喜求他短多寤少寐，多有怨憎結友究竟，仇讎難和所受不忘，無有怨驚人怖不懼，多力反復不能下屈，多憂難訓，身體長大、肥項、大頭、廣肩、方額、好髮，勇猛性強難伏，所可聽受遲鈍難得，既受得之亦復難忘，若失法財所欲親友，永無愁顧難進難退。以是知之為瞋恚相。於是頌曰：

志性剛強深解義，普疑於人求長短，少於睡眠難屈伏，性矇難學亦難忘。

能忍勤苦叵觸近，無所畏錄不卒瞋，身口相應難諫曉，勇猛有力而剛強。

少恐尠友多怨憎，少安有反身廣大，所可作為不追悔，棄法財反不顧念。

一捨所親不思之，未曾還變亦不伏，勤力精進修大事，佛說是輩為瞋相。

云何察知愚癡之相？謂性柔軟喜自稱譽，無有慈哀破壞法橋，常而閉目面色憔悴，無有黠慧愛樂冥處，數自歎息懈惰無信，憎於善人常喜獨行，寡見自大作事猶豫，不了吉凶不別善惡；若有急事不能自理，又不受諫，不別善友及與怨家，作事反戾弊如虎狼，被服弊衣身體多垢，性不自喜，鬚髮蓬亂不自整頓，多憂嗜臥多食無節；人倩使之而不肯作，不倩不使而更自為；當畏不畏，不當畏者然反畏之；當憂反喜，當喜反憂，應哭而笑，應笑而哭；設有急事使之不行，適去呼還不肯反顧，常遭勤苦強忍塵勞，有所食噉不別五味，言語多笑喜忘重語，囓舌舐脣然而噤齘，行步臥起未曾安隱，舉動作事無所畏難，不知去就。佛說是輩為愚癡相。於是頌曰：

弱顏愚無慈，強額而自舉，眼目不視眴，燋焠數歎息。
獨行然無信，嫉賢及懈息，常憂多狐疑，不別諸善惡。
體面多塵垢，不知善惡語，作事多憒閙，不能自究竟。
所倩使不肯，不使而反行，當畏而不畏，不畏而反畏。
應喜而反憂，應憂而反喜，當哭而反笑，當笑而反哭。
貪飲食無飽，不別反怨讎，志性喜佷戾，無慧遭苦惱。
鬚髮常蓬亂，無信喜居冥，不別知五味，多臥如虎狼。

寡見而貢高，　齧舌而舐脣，　弄口而喜齘，　所言而多笑。
臥處而不安，　諸急事難進，　呼還而突前，　性爾為癡相。

何謂婬怒癡相？向所說婬、怒、癡是也！婬癡、怒癡相亦如是。其與一切塵勞合者，是謂婬怒癡相。於是頌曰：

其處於塵勞，　與婬怒俱合，　當觀婬怒相，　是為癡無慧。
一切前所說，　貪欲諸垢穢，　有婬怒愚行，　則知不離癡。

何謂口欲心欲者？語言柔軟順從不違，身所不欲不加於人，言念輒善安隱可意。譬如好樹，其華色鮮果實亦美，口欲心欲亦復如此。於是頌曰：

其語常柔和，　順從言可人，　言行而相副，　心身不傷人。
譬如好花樹，　成實亦甘美，　佛尊解說是，　心口之婬相。

何謂口欲心怒者？口言柔軟而心懷毒，如種苦樹，其花色鮮成果甚苦，言柔懷毒亦復如是。於是頌曰：

其口言柔軟，　而心懷毒害，　視人甚歡喜，　相隨而可親。

口言而柔順，　其心內含毒，　如樹華色鮮，　其實苦若毒。

云何知口欲心癡者？言語柔和其心冥冥，不能益人亦不欺損。譬如畫瓶，視表甚好裏空且冥，口欲心癡亦猶如此。於是頌曰：

口言有柔和，　而心懷冥癡，　當知此輩人，　口婬而心愚。
觀其口如慧，　心中冥如漆，　外好如畫瓶，　其內空且冥。

何謂口欲而心怒癡？所言柔軟念善尠少，性不調順或復念惡，有時不念善惡不別，其性難知。譬如甜藥雜以鹹苦不可分別，其有口欲而心怒癡亦復如此。於是頌曰：

其有口言欲，　心懷諸怒癡，　譬如醍醐蜜，　雜以辛苦鹹。

何謂口麁而心婬者？語言剛急中傷於人，眾所憎惡不欲見之，無有敬者。譬如父母訶教子孫，雖口剛急而心猶愛；譬如瘡醫破洗人瘡，當時大痛，久久除愈心甚歡喜，其有口剛而心婬者亦復如是。於是頌曰：

有現口言急，　而心懷婬欲，　譬如夏日熱，　其光照冷水。

何謂口剛而心忿者？口言麁<U+2F84D>所可懷念，無有慈善不欲人利。譬如苦藥復和以毒，設飲病人吐之不服，設飲消時則害人命，其口剛急而心忿者，亦復如是。於是頌曰：

其口言急無親敬，心念弊惡而懷毒，常喜侵枉於他人，當觀此輩行雜毒。

何謂口麁而心癡者？言常剛急惡加於人，舉動所作心不自覺，不念人善亦不念惡。譬若有賊拔刀恐人而不能害，如是行者知為口急而心愚癡。於是頌曰：

口言剛急心不害，喜恐於人無所加，譬如拔刀無所施，口麁心癡亦如是。

何謂口麁心懷三毒者？口言剛急或善於人，又復加惡，乍念不善亦不能惡。譬如大吏捕得盜賊，其下小吏恐責其辭，又復有吏誘進問之，其次小吏鞭杖拷之，又復有吏不問善惡亦不拷責，是謂口麁而懷三毒者。於是頌曰：

口言而剛急，其心懷三毒，志性如是者，不善不為惡。

行跡若斯者，名之中間人，勤苦及安隱，是事雜錯俱。

何謂口癡而心欲者？無所別知人與共語，都無所解不曉善惡，義所歸趣心常自念，當何以益加於人也！至於趣事，如所思念不失本要。譬如冥夜興雲降雨，其口癡心欲亦復如此。於是頌曰：

其有口癡而心婬，口所言說不了了，如龍興雲而不雷，口癡心婬亦如是。

云何為口癡心剛？不能施善亦不加惡，常心念言：「以何方便中傷於人？」設得便者輒危害人。譬如以灰覆於炭火，行人躡上便燒其足，口癡心怒亦復如是。於是頌曰：

口癡而心剛，不柔無惡言，常懷惡加人，不念人善利。
所言不了了，藏惡在於心，如灰覆炭火，設躡燒人足。

何謂口癡而心懷冥？不能以善加施於人，亦不加惡心亦不念，他人善惡無所增損。所以者何？無勢力故。譬如火滅以灰覆之，若持枯草及燃牛屎，積著其上手觸足蹈，無所能燒而不成熟。所以者何？無所堪任。口癡心冥亦復如是。於是頌曰：

其口有癡愚，而心懷闇冥，都不能念惡，亦不能念善。

不能成辦事，　亦不不為能，　如暴中炊煮，　無所能成熟。

何謂口癡心懷三毒？口無所犯不益於人，少所中傷晝夜思念：「以何方便中傷於人？」又復心念：「云何饒人？」或心念言：「不損益人。」譬如故瓶盛淨不淨，而蓋其口不見其裏，發口則現，口癡心懷三毒亦復如此。於是頌曰：

作性喜反戾，　口言不了除，　而懷婬怒癡，　盛滿以臭穢。
譬如大故瓶，　受諸淨不淨，　不能益於人，　亦都無所損。

其為法師以此十九事，觀察人情而為說法。其婬相者云何解說？為講法言：「習欲多者墮於地獄、餓鬼之中，然後得出復作婬鳥、鸚鵡、青雀及鴿、鴛鴦、鵝、鶩、孔雀、野人、獼猴；設還作人，多婬放逸輕舉卒暴。仁當察此曼及人身，觀知罪垢，惡露不淨，莫習婬欲。」於是頌曰：

其多習婬色，　憍慢速目燒，　在人若畜生，　地獄餓鬼中。
生彼還自害，　塵勞火見燒，　欲令解脫此，　隨行故說是。

設多瞋者隨其行跡，而為說法：「犯衆瞋恚墮於地獄、餓鬼之道，從惡處出當作毒獸、鬼魅、羅剎、反足、女鬼、溷鬼之類，又作師子、虎狼、蛇虺、毒蟲、蚊虻、蚑蜂、百足之蟲；設從此道還在世間，形貌醜陋人所不媚，常當短命而多疾病，身體不完。以是之故殃罪分明，常奉慈心除其瞋恚。」於是頌曰：

人多懷瞋恚，　眾共所憎惡，　坐是墮惡道，　多病不安隱。
墮鬼及毒獸，　既作人下賤，　能行慈心者，　即除瞋恚冥。

設多愚癡為說此法：「曚冥興盛，死墮地獄、餓鬼之路，若在畜生則作癡獸，謂牛羊、狐犬、騾驢、猪豚之屬；設還人道性不決了，少眼根弱，當多疾病六情不完，生於夷狄野人之中，從冥入冥。以是教之，觀十二緣除愚冥本。」於是頌曰：

多習愚癡者，　諸根不完具，　生於牛羊中，　然後墮地獄。
假使修學人，　願度此惡道，　欲得脫其冥，　當觀十二緣。

設多婬怒當行二事：觀其不淨，又奉慈心。若多婬癡為講二事：空無及慈。設怒癡盛，為說二事：導以慈心，並了癡本。於是頌曰：

行慈觀不淨，　攻治婬怒癡，　教色諸愚者，　十二緣不明。
若人瞋恚盛，　及癡甚除冥，　當為講慈心，　十二因緣本。

若有口婬而心欲者，為說無常空寂之義也；心怒口恚唯講慈仁也；口癡心冥講十二緣。其餘四種眾病備具：一者、口婬心懷三毒，二者、口怒婬恚癡具，三者、口愚內懷三垢，四者、有人淳懷三毒。其解法師當為此輩，說法教化，令其寂然觀因緣本。所以者何？是輩種類塵勞淳厚，積諸罪殃而自纏裹，雖為現法不見聖諦，唯當教之諷誦勸進，緣是之故專在誦務，塵勞轉薄，雖不獲道可得上天。於是頌曰：

其有行犯婬，　而心瞋恚癡，　當教諷誦經，　及勸使為福。
塵勞雖興盛，　緣是除罪蓋，　因斯之方便，　然後得生天。

譬如有人修治樹園，地高下之，坵墟平之，溉灌以時，拔去荊棘、穢草、蘆葦，邪生諸曲、橫出不理皆落治之，棄著垣外令其順好，樹木無礙根生滋茂，皆悉護之令不折傷，以是之故，樹木轉大花實興盛；其修行者受法師教，除婬怒癡欲想諸穢，以是之故，行遂長成至于得道。於是頌曰：

其樹木曲戾，　邪出不順生，　荊棘諸瑕穢，　悉落治令政。
以若干方便，　修理乃得成，　修行治法樹，　奉經亦如是。
除諸婬怒癡，　受師百千教，　滅去諸瑕穢，　如園師修樹。

法師說經察以四事。何謂為四？一曰、博學而得至道；二曰、懷來以道，其於學問不能論義；三曰、博學道德未得成就；四曰、無知無道。復有四法：一曰、初由法師從其啟受知義解法；二曰、雖解其義不能微妙；三曰、分別淺法不能至深；四曰、不知其義亦不曉了。如是學法，所習唐苦；譬如兩人，俱不曉泅墮深水中，欲相免濟反更溺死；如盲牽盲欲有所至，中道迷惑竟不能達；不知義者亦不曉慧，而欲說法欲有所救，亦復如是。於是頌曰：

譬如人博學，　眾善無央數，　已得度無極，　若人越大海。
若人淨如諦，　而無有智慧，　但可取其要，　不能獲深義。
若習入道者，　隨順不違律，　以能敬受教，　如是有反復。

譬如近尊者，　必當獲大利，　其學修行道，　所求義必進。
但解進其義，　而不能微妙，　如人食空羹，　而無有飯具。
從師諮受義，　不了妙如是，　不能解大道，　不至正真慧。
設使不入道，　不能分別說，　則不解於慧，　無義不了了。
如盲欲御盲，　不能致所趣，　無義亦無慧，　譬之亦其然。

其修行者計有三品：一曰、或身行道而心不隨，二曰、或心行道而身不從，三曰、修道身心俱行也。何謂身行而心不隨？假使行者結跏趺坐，政直端心，譬如柱樹未曾動搖，而現此相內心流逸，色、聲、香、味、細滑之念，所更不更而普求之。其心放逸不得自在，譬如死屍捐在塚墓，虎狼、禽獸、飛鳥、狗犬、狢爭食之，身定內亂亦猶其然，斯為修行道德地者，身定心亂。於是頌曰：

結加趺端坐，　不動如太山，　其心內迷散，　情猶象墮淵。
如是修行者，　身定而心亂，　譬若樹狂花，　不成果而落。

何謂修行道地者？有心在道而身不從，身不端坐成四意止，是時心定而身不安。於是頌曰：

假使心性自調知，住四意止無他相，是時則名四意止，雖身不定心不亂。

修行道地，何謂身心而俱定者？身坐端正心不放逸，內根皆寂，亦不走外隨諸因緣也。當爾之時，身心端定都不可動，以此知之身心等定。於是頌曰：

其身心俱定，　內外不放逸，　寂然加趺坐，　如柱定難傾。

見於生死諦，　如水漂岸樹，　身心而相應，　疾成道得果。

修行道地，專精於道而不動轉，如是寂滅速至泥洹。於是頌曰：

講說若干之要義，如乳石蜜和食之，其無諛諂能承法，則以佛教自調順。

修行道地經卷第二

修行道地經卷第三

西晉三藏竺法護譯

勸意品第九

修行道地，以何方便自正其心？吾曾聞之：「昔有國王，選擇一國明智之人以為輔臣。爾時，國王設權方便無量之慧選得一人，聰明博達其志弘雅，威而不暴名德具足。王欲試之欲知何如？故以重罪欲加此人，勑告臣吏盛滿鉢油，而使擎之從北門來至於南門，去城二十里園名調戲，令將到彼，設人持油墮一渧者，便級其頭不須啟問。」於是頌曰：

假使其人到戲園，承吾之教不棄油，當敬其人如我身，中道棄油便級頭。

爾時，群臣受王重教，盛滿鉢油以與其人，兩手擎之甚大愁憂，則自念言：「其油滿器，城里人多，行路車馬，觀者填道，譬如水定而風吹之，其水波揚；人亦如是，心不安隱。」退自念言：「無有一人而勸勉我言：『莫恐懅也！』是器之油擎至七步，尚不可詣，況有里數耶？」此人憂憒不知所湊，心自懷懅。於是頌曰：

覩人象馬及車乘，大風吹水心如此，志懷怖懅懼不達，安能究竟了此事。

其人心念：「吾今定死無復有疑也！設能擎鉢使油不墮，到彼園所爾乃活耳！當作專計，若見是非而不轉移，唯念油鉢志不在餘，然後度耳。」於是其人安行徐步。時諸臣兵及衆觀人，無數百千隨而視之，如雲興起圍繞太山。於是頌曰：

其人擎鉢心堅強，道見若干諸觀者，衆人圍繞而隨之，譬如江海興大雲。

當爾其人擎鉢之時，音聲普流莫不聞知，無央數人皆來集會，衆人皆言：「觀此人衣，形體舉動，定是死囚。」斯人消息乃至其家，父母、宗族皆共聞之，悉奔走來，到彼子所號哭悲哀。其人專心，不顧二親、兄弟、妻子及諸親屬，心在油鉢無他之念。於是頌曰：

其子啼泣淚如泉，若干種泣哭嘆父，心懷怖懅不省親，專精秉志而持鉢。

衆人論說相令稱嗷，如是再三。時一國人普來集會，觀者擾攘喚呼震動，馳至相逐躄地復起，轉相登躡間不相容，其人心端不見衆庶。於是頌曰：

衆人叫喚不休息，前後相逐不容聞，而擎油鉢都不覩，如雹雨空無所傷。

觀者復言：「有女人來端正姝好，威耀光顏一國無雙，如月盛滿星中獨明，色如蓮華行於御道，像貌巍巍姿色踰人，譬如玉女，又若忉利天王之后字曰護利，端正姝好，諸天人民莫不敬重。於今斯女昭昭如是，能八種舞，音聲清和聞者皆喜。」於是頌曰：

舉動而安詳，歌舞不越法，其心懷歡喜，感動一切人。
歌頌聲則悲，其身而逶迤，不疾亦不遲，被服順政齊。
七種微妙音，奇述有五十，三處而清淨，宮商節相和。
身從頭至足，莊嚴寶瓔珞，語言而美雅，猶若甘露降。

爾時，其人一心擎鉢，志不動轉亦不察視，觀者皆言：「寧使今日見此女顏終身不恨，勝於久存而不覩者也。」彼時其人雖聞此語，專精擎鉢不聽其言。於是頌曰：

巧便而安詳，　其舞最巧妙，　一切人貪樂，　譬如魔之后。
能動離欲者，　何況於凡夫，　來往其人邊，　擎鉢心不傾。

當爾之時，有大醉象放逸犇走入於御道，衆人相謂：「今醉象來，踏蹴吾等而令橫死，此為魃魅化作象形，多所危害不避男女；身生瘡痍其身瓱澁，譬若大髀毒氣下流，舌赤如血其腹委地，口脣如垂行步縱橫，無所省錄人血塗體；獨遊無難進退自在，猶若國王遙視如山，暴鳴哮吼譬如雷聲，而擎其鼻瞋恚忿怒。」於是頌曰：

大象力強甚難當，其身血流若泉源，踏地興塵而張口，如欲危害於衆人。

其象如是，恐怖觀者令其馳散，破壞兵衆諸象犇逝，一切覩者而欲怖死，能拔大樹踐害群生，雖得杖痛無所畏難。於是頌曰：

壞衆及群象，　恐怖人或死，　排撥諸舍宅，　犇走不畏御。
名聞於遠近，　剛強以為德，　憍慢無所錄，　不忍於高望。

爾時，街道市里坐肆諸賣買者，皆懅收物蓋藏閉門，畏壞屋舍人悉避走；又殺象師無有制御，瞋惑轉甚，蹈殺道中象馬、牛羊、豬犢之屬，碎諸車乘星散狼藉。於是頌曰：

諸坐肆者皆蓋藏，傷害人畜碎車乘，覩見如是閉門戶，狼藉如賊壞大營。

或有人見，懷振恐怖不敢動搖，或有稱怨呼嗟淚下，又有迷惑不自覺知，有未著衣黾之而走，復有迷誤不識東西，或有馳走如風吹雲，不知所至也。中有惶懅以腹拍地，又人窮逼，張弓安箭而欲射之，或把刀刃意欲前挌，中有失色恍惚妄語，或有懷瞋其眼正赤，又有屏住遙覩歡喜，雖執兵仗不能加施。於是頌曰：

於斯迷怖懅，　亦有而悲涕，　或愕無所難，　又有執兵仗。
愁憒躄地者，　邈絕不自知，　獲是不安隱，　皆由見醉象。

彼時，有人曉化象呪，心自念言：「我自所學調象之法，善惡之儀凡有八百，吾觀是象無此一事，吾今當察從何種出？上種有四，為是中種、下種耶？」以察知之，即舉大聲而誦神呪。於是頌曰：

天王授金剛，　吾有微妙語，　能除諸貢高，　羸劣能令強。

彼人即時舉聲稱曰：「諸覺明者無有自大亦不興熱，棄除恩愛承彼奉法，修行誠信之所致也！象捐貢高伏心使安。」說此往古先聖二偈言：

婬泆及怒癡，　此世三大憍，　誠道無諸垢，　衆熱為以消。

用彼至誠法，　修行亦如是，　大意供象王，　除惑捨貢高。

爾時，彼象聞此正教，即捐自大降伏其心，便順本道還至象廄，不犯衆人無所嬈害。其擎鉢人不省象來亦不覺還，所以者何？專心懼死無他觀念。於是頌曰：

見象如暴雨，　而心未曾亂，　其雨雖止已，　虛空亦不悅。

其人亦如是，　不省象往還，　執心擎油鉢，　如藏寶不忘。

爾時，觀者擾攘馳散東西走故，城中失火燒諸官殿及衆寶舍、樓閣、高臺，現妙巍巍展轉連及，譬如大山無不見者，烟皆周遍火尚盡徹。於是頌曰：

其城豐樂嚴正好，宮殿屋舍甚寬妙，而烟普熏莫不達，火熾如人故欲然。

火燒城時，諸蜂皆出放毒螫人，觀者得痛驚怪馳走，男女大小面色變惡，亂頭衣解寶飾脫落；為烟所熏眼瞳淚出，遙見火光心懷怖懅，不知所湊；展轉相呼父子、兄弟、妻息、奴婢，更相教言：「避火離水莫墮泥坑，爾乃安隱。」於是頌曰：

愁憂心懷不自覺，家室親屬及僕從，乘諸象馬悲哀出，言有大火當避捨。

爾時，官兵悉來滅火，其人專精一心擎鉢，一渧不墮，不覺失火及與滅時。所以者何？秉心專意無他念故。於是頌曰：

有衆人迷惑，　如鳥遇火飛，　其火燒殿舍，　烟出如浮雲。
頭亂而驚怖，　避烟火馳走，　一心在油鉢，　不覺火起滅。

是時五色雲起天大雷電。於是頌曰：

既興大霧非時雨，風起吹雲令純陰，虛空普遍無清天，猶暴象群雲如是。

爾時，亂風起吹地興塵，沙礫瓦石填於王路，拔樹折枝落諸華實。於是頌曰：

風起揚塵而周普，興雲載水無不遍。暴風忽冥不相見，雷電俱降無不驚。彼時，大雲而焰掣電，霹靂落墮，孔雀皆鳴，天便放雨墮於諸雹；雖有此變其人不聞。所以者何？專念油鉢。於是頌曰：

其放逸象時，　猶如大雲興，　墮雹失火風，　拔樹壞屋舍。
其人不覩見，　何善誰為惡，　不覺風雲起，　但觀滿鉢油。

爾時，其人擎滿鉢油，至彼園觀一滴不墮。諸兵臣吏悉還王宮，具為王說所更衆難，而人專心擎鉢不動，不棄一滴得至園觀。王聞其言則而歎曰：「此人難及，人中之雄！不顧親屬及與玉女，不慮巨象、水火之患、雷電霹靂。吾聞雷聲愕然怖懅，雖有啟白不省其言，或有心裂而終亡者，或有懷駒而傷胎者，人民所立悉不自覺，雖遇衆難其心不移，如是人者無所不辦，心強如斯終不得難，地獄王考能食金剛。」其王歡喜立為大臣。於是頌曰：

見親族泣涕，　及醉象暴亂，　雖遭諸恐難，　其心不移易。
王覩人如此，　心堅定不轉，　親愛而弘敬，　立之為大臣。

爾時，正士其心堅固，難遭善惡及諸恐難，志不轉移得脫死罪，既自豪貴壽考長生也。修行道者御心如是，雖有諸患及婬、怒、癡來亂諸根，護心不隨攝意第一，觀其內體察外他身，痛痒、心、法亦復如是。於是頌曰：

如人擎油鉢，　不動無所棄，　妙慧意如海，　專心擎油器。
若人欲學道，　執心當如是，　意懷諸德明，　皆除一切瑕。
若干之色欲，　再興於怒癡，　有志不放逸，　寂滅而自制。
人身有病疾，　醫藥以除之，　心疾亦如是，　四意止除之。

心堅強者志能如是，則以指爪壞於雪山，以蓮華根鑽穿金山，則以鋸斷須彌寶山；其無有信不能精進，懷而諛諂放逸喜忘，雖在世久終不能除婬、怒、癡垢；有信、精進、質直、智慧，其心堅強，亦能吹山而使動搖，何況而除婬、怒、癡也！故修行者欲成道德，為信、精進、智慧、朴直，調御其心專在行地。於是頌曰：

直信而精進，　智慧無諛諂，　是五德除瑕，　離心無數穢。

採解無量經，自覺斯佛教，但取其要言，分別義無量。

修行道地經離顛倒品第十

功德住覺高巍巍，猶如學術依靜居，智慧川流善寶形，願稽首禮大山王。

從天上來下，知趣而不惑，佛生不胞胎，不入亦不出。

不更諸苦惱，不著不顛倒，德重無所著，歸命度生死。

修行道者或懷懈怠，謂法微妙難曉難了，不可分別。當識苦本，斷除諸習，證於盡滅，修念道術。譬如有人而取一髮破為百分，還續如故令不差錯，是事甚難不乎？答曰：「甚難！甚難！」可以幻化諸藥神呪續髮如故，泥洹之道不以此事而成立也！雖不能致於道證者，當有方便。於是頌曰：

常健精進向脫門，欲覺了此難復難，勤力勸樂而無退，如深穿地得泉水。

當作是觀：「速疾成就莫如泥洹，不從他求自因心致，從他人得乃為難耳！由己勤獲何所難乎？」當作斯計，唯以諦觀誘進其心，如誘小兒呼之至前，來取手物而食噉之；小兒來至，一一擘指而無所得。世人如是所見顛倒，無常謂常，苦謂為樂，非身謂有身，空謂為實；捨四顛倒作本無觀，爾乃為順佛之教誡。於是頌曰：

人不曉本無，　常計樂謂淨，　譬如以捉捲，　用以誘小兒。
於是人顛倒，　而有吾我想，　當為現光曜，　如冥中燃燈。

吾有頭髮不能常久，亦非淨潔，弗安無我；以是觀之一切皆然。勸發其心如明眼人，執炬而行入於空室，觀之無人亦無所覩，審諦見者亦復如是。察色之本，見無常、苦、無吾、非身，虛妄見者而反自縛。解空觀者有何難乎？現可見聞得道迹者，往還、不還及無所著，得平等覺。此等斯人，吾亦是人；此等成道，我身何故獨不獲乎？修行道者勸心如是，捨四顛倒專於行地。於是頌曰：

髮毛爪骨肉，　及諸像色形，　衆來惑心法，　五陰之所亂。
無常苦不安，　無我不清淨，　身如空丘舍，　明者觀如是。

修行道地經曉了食品第十一

佛在巴質樹，　天帝奉百味，　又在舍衛城，　波斯匿供養。
比蘭若設飯，　麥飯雖甘味，　皆等意受之，　稽首無所著。
雖食此飯已，　弗著不以色，　亦不造憍慢，　棄捐諸貢高。
所在受供養，　如越大曠路，　不以為甘美，　是故稽首禮。

爾時，修行當觀飯食：設百種味及穢麥飯，在於腹中等無有異，舉食著口嚼與唾合，與吐適同；若入生藏，身火煮之，體水爛之，風吹展轉；稍稍消化，墮於熟藏，堅為大便，濕為小便，沫為涕唾，藏中要味以潤成體；此要衆味流布諸脈，然後長養髮毛、爪齒、骨髓、血肉、肪膏、精氣、頭腦之屬，是外四大養內五根，諸根得力長於心法，起婬、怒、癡。欲知是者，是揣食之本，由是而起。於是頌曰：

計無央數諸上味，墮住腹中而無異，於體變化等不淨，故行道者不貪食。

雖當飯食不求於肥，趣欲支命。譬如大官捕諸飛鳥，皆剪其翅閉著籠中，日擇肥者以給官廚。時諸飛鳥日日稍減，中有一鳥心自念言：「肥者先死，若吾當肥亦死如前，設不食者便當餓死。今當節食令身不肥亦莫使羸，令身輕便出入無礙，不為宰人所見烹害，羽翼可得漸漸生長，若從籠出便可飛逝，從意所至。」修行道者亦計如是，食趣安身令體不重，食適輕便少於睡眠，坐起、經行、喘息安隱，尠大小便，身依於行，婬、怒、癡薄。

其修行者當作是觀：吾不貪身除諸情欲，此身非要骨鎖相支，今此身中但盛不淨無有堅固。譬如怨家無益羅網，常懷怨賊而傷親友，當消息之，供養奉事譬如王者。當以如何？遵承佛教，坐起經行令無災患，常觀污露具知多穢，將養其命趣得行道，如有親屬不可棄捨；身亦如是，沐浴、飯食、衣被、蓋形，如愛一子常將護之，不令寒溫飢渴之苦，非為蚊虻、蚤蝨所齧。

如有逆賊收閉牢獄，獄吏考治若干種榜：「卿為前後劫盜誰物？家居所在？盜何所藏？與誰同伴？魁師黨部耶？」五毒治之。氣絕復蘇，即自思惟：「以何方便得脫榜笞？」心便開解對獄吏首：「遠計某國大長者子名曰禁戒，前後所偷皆著彼所，居止其家共行竊盜，是吾伴侶。」獄吏聞之，收長者子，與前賊共同一牢中俱繫鐵靽。時長者子家有餉來，便自獨食不分與賊，賊大瞋怒張目嚙齒，汗出嘆息欲興惡意：「今長者子不濟其命，況乃獨食！今我自在則當逼之，不獨飲水，何況獨食！」

其長者子少小驕樂，不忍須臾不行左右，欲至舍後便報賊言：「共至廁上。」其賊報言：「在卿所至，吾不能行。」時長者子逼急窮極，謂其賊言：「無過於子！子橫牽吾閉在刑獄，今欲小起反不相從乎？設不共繫終不相報，吾假相犯卿便說之，以當省過而謝其罪。」時賊答曰：「子實無過吾橫相牽。卿眷屬多欲自免罪，不見考治蒙得飲食，故相枉耳。仁有餉來而反獨食，永不相分故不相從。」時長者子則報賊言：「解子所恨，從今以往終不相失；若有餉來先當飯子，然後自食。曼我命存，願到舍後使身氣通。」賊乃隨之。

後日餉來，便勅婢使：「所持飯來先奉親厚，所食之餘爾乃給我。」時婢奉教輒如其言，使人還歸具啟長者，長者聞之心懷恚怒，明日詣獄謂其子言：「卿生豪族，反與逆賊惡人從事而與親厚，都不覺知此橫牽汝，閉在牢獄。」其子報言：「父所言是，不敬此人以為親厚也，具知是賊耳。我欲小行逼不相從，身重、腹脹、眼反、耳聾、頭痛、背裂、脅肋欲拔，胸懷氣滿，喘息欲斷，心意煩亂迷不自覺，諸節欲解骨體疼痛，命欲窮絕，惡對在上，汗出短氣。而賊語我：『卿能隨吾，如病從醫，爾乃可耳！先以飯我，然後自食，吾當相從。』用貪身命故為親厚也！」

如長者子具知此賊為怨家也！用窮逼故，於外示現若如親厚，而內踈薄，知四大寄非常之物，四事增減輒無安隱，如蛇虺毒，如幻、野馬、水月、山響，解身如是。其行道者亦復解此，曉知五陰皆為怨賊，趣以衣食將養其體令不危害，夙夜專精如救頭然，非以懈廢得成道德，至於無為，度于三界始終之患。

修行道地經伏勝諸根品第十二

其修行者婬、怒、癡薄，設不習塵無所嬈害。未成道德非見聖諦，自謂獲矣！如是行者自誡心意，放之在於色、聲、香、味、細滑之念，著於五陰，所作未辦。設心不隨五陰蓋者，則知得道。若其心亂隨諸情欲，即還恐懅當更精進，如牧牛者牧牛于澤，其牛犇突踐他禾穀，牧牛者恐怖其主覺之，牽將歸家以杖捶治，明日復出還在牧上，陽如不視，知復犯他禾稼不也？時牛心念：「牧者不見。」復食他苗；其主見之便復撾榜，牛後恐畏不敢復犯。行者如是自誡五根不隨情欲，則知道成也。若從六衰即還自制，觀三塗之苦生死之難，晝夜精勤勝前萬倍，所未獲者當令成就，已得成就令不放逸。

修行道地經忍辱品第十三

設使有人撾罵行者。爾時，修道當作是觀：「所可詈詈但有音聲，諦惟計之皆為空無，適起即滅。譬如文字其名各異，一一計字無有罵聲；譬如一盲目無所見，正使百盲亦無所覩。罵亦如此，一字不成，正百千字亦悉空無，設使父母、家室、親里，共稱譽我亦復皆空。」當作是觀：「譬如夷狄異音之人，雖來罵我，譬如風響，是聲皆空。」

修行道地經棄加惡品第十四

假使行者坐於寂定，人來撾捶，刀杖瓦石以加其身。當作是觀：「名色皆空，所捶、可捶悉無所有，本從何生？誰為瞋者？向何人怒？我宿不善得致此患。設無名色無緣遭厄，我若欲瞋報其人者，衆怨甚多不可悉報：譬如毒蛇及與百足，蚤蝨、蚊虻、蚑蜂之屬，是輩嬈人無以加報。假使能除外諸憂患，安能辟除其內體中四百四病、八十種蟲。以是之故當伏內心，滅諸垢穢寂定其志，故謂修行。」

修行道地經天眼見終始品第十五

其修行者假使睡眠，當念無常不久趣死，想於衆苦生死之惱，澡手盥面瞻視四方，夜觀星宿以自御心，棄捐懈怠不思臥寐。若睡不止當起經行，假令不定當移其坐，想欲見明，雖心中冥，思惟三光令內外明。於是頌曰：

當念生死苦，　觀罪覩四方，　省視外光影，　內心求照明。
滅壞睡眠冥，　若日消除闇，　如是雖閉目，　所見踰開者。

其修行者常思見明，晝夜無異；分別大小、是非所趣，遠行普學無所不博。思惟如是，則得道眼所見平等，無有彌延及淨居天。於是頌曰：

雖為眠目常如開，禪定所見踰天眼，普視世間衆生類，徹達天上無不見。

其修行者已成道眼，悉見諸方三惡之處。譬如霖雨一旦晴除，有明眼人住於山頂，觀視城郭、郡國、縣邑、聚落、人民、樹木、花實、流水、源泉、師子、虎狼、象馬、羊鹿及諸野獸，行來進止皆悉見之。於是頌曰：

譬如明鏡及虛空，霖雨已除日晴明，有淨眼人住高山，從上視下無不見。
又觀城郭及國邑，其修行者亦如是，覩見世間及禽獸，地獄餓鬼衆生處。

修行如是覩三千界，見人生死善惡所趣，是之名曰所達神通。於是頌曰：

雖有甘露無上味，見三千世德踰彼，其修行道隨佛教，疾得神通無罣礙。

佛皆普見一切淨，愍傷衆人故說此，決終始根令速度，以無極義而分別。

修行道地經天耳品第十六

識慧為轂寂應緣，無所罣礙順正道，其有轉此道法輪，稽首轉輪大聖族。

察省若干之伎樂，設有悲哀心正等，聞諸天人地獄聲，叉手稽首尊淨性。

其修行者適成天耳，便得徹聽亦無煩憒。譬如有人掘地求藏，本規索一并得餘藏；行者如是，本求天耳徹聽隨從，悉聞天上世間之聲。於是頌曰：

計彼修行者，　興法以善權，　精勤得天眼，　覩天上世間。

徹聽自然生，　所聞亦無限，　如人地求藏，　自然得餘寶。

譬如夜半衆人眠寐，一人獨覺上七重樓，於寂靜時聽省諸音，妓樂歌舞、啼泣悲哀、撾鼓之聲；修道所見亦復如是，心本寂靜，遙聽地獄啼嘷酸苦，見聞餓鬼及與畜生、天上、世間妓樂之音，是為天耳神通之證。於是頌曰：

如夜衆庶皆眠寐，一人起上七重樓，靜心而聽一切人，妓樂歌舞之音聲。

其修道者亦如是，天耳徹聞諸音聲，其在三界諸形色，悉曉了知其語言。
從無央數大經義，我得其餘服甘露，譬如人病服良藥，今演世尊天眼教。

修行道地經念往世品第十七

智慧為牙善根元，經法成華德為果，解脫示現立不動，今吾歸命佛大樹。
從億百生殖善根，昔無限世寂梵行，識百千億本宿命，佛覺意強歸心定。

假使修行心自念言：「吾從何來致得人身？以天眼視明心徹覩，本生為人若在非人？」譬如有人，從一縣邑復至一縣，識前往反坐起之處也。修行如是，自念本生所歷受身、名姓、好惡、壽命長短、飲食、被服，皆悉識之；彼沒生此，此終生彼，如是之比，知無央數所更生死。是號曰識本宿命神通。於是頌曰：

以天眼覩曰修行，知無數劫所歷生，皆見過去可受身，譬如乘船自照面。
佛所生處悉識念，吾觀諸經而鈔取，是為號曰昔所更，以慧之心採至要。

修行道地經知人心念品第十八

不可計哀宣，知衆所趣念，自覩心所思，是非定放逸。
志所懷至意，解了無量智，而除諸瑕穢，願歸尊最勝。

其修行者以天眼視人及非人是非、善惡、端政醜陋，徹覩心行所明窈冥，喜瞋恚者其心如斯，志和悅者當所趣矣。於是頌曰：

天眼之徹視，見諸人非人，覩察衆顏色，亦覩心所念。
知其意本元，何緣獲此行？其修道悉省，懷瞋及和悅。

譬如有人坐於江邊，見水中物魚鼈、黿鼉及無央數異類之蟲。修行如是，覩衆生心所念善惡，了了無疑，是名神通知他人心所念善惡。於是頌曰：

覺眼明了心清淨，因修道行而獲斯，知他心念所思想，猶如見樹根枝葉。

譬如賈客欲得水精之珠，便入江海則得此寶，并獲真珠、金剛、珊瑚、硨磲、馬瑙。修行如是，棄于睡眠專心在明，則得天眼并獲天耳、神足，自知己所從來，見他人本，是故修行當習覺明。於是頌曰：

如以一事入江海，而獲無數大珍寶，修行如是除睡眠，天眼聽飛識本末。
修行若斯志寂定，今吾所宣如佛教，見無量色踰天眼，覩衆生心念是非。
其忍辱力踰於地，柔軟安和過於水，秉志堅固如須彌，越於人民超虛空。
深慧過於江，如海無瞋恨，其德莫能及，願稽首最勝。
其心而懷道，諸天所嗟歎，執心而一定，非以為歡喜。
彼調柔等意，非以所增減，明德無輕戲，吾願稽首禮。

假使修行心有輕戲，便當思惟愁慼之法，會當歸死未得度脫，無常之法非歡喜時，所有恩愛會當別離。於是頌曰：

無數諸川流，滿若耶氾水，未度死河法，耗亂反歡喜。
無量之恩愛，不久當別離，非常之惡對，各追隨罪福。

其修行者心自念言：「吾儻命終不成道德亦未向道，或恐犯逆，不隨法教入于三塗，不得免濟無底之患，墮衆邪見得無迷惑？復更胞胎，將無積骨若如太山？或恐斷頭血如江海，或值涕泣淚如五河，與父母別，妻子無常，兄弟死亡，憂惱無量。」於是頌曰：

尚未得成道，　不斷恐死原，　當更百千難，　當復入胞胎。
未除憂慼根，　遇衆無量惱，　不得歸聖道，　三塗自然開。

修行自念：「宿夜恐懼，懅墮禽獸非法之處，常懷害心轉相奪命，無有羞恥從冥入冥，已墮此患難復人身。一錢投海求之可得，已失人身難得於此。」於是頌曰：

貪婬所蓋怒癡冥，欲杖所驅無羞慚，以入畜生之雲霧，而墮此苦復人難。

行者自念：「我身將無墮於餓鬼？曾聞其人執持瓦器，盛以涕唾、膿血及人穢吐以為飲食，遍行乞匃。」於是頌曰：

以不淨之器，　瓦杇而不完，　盛膿血涕唾，　服之如飲水。
貪餮常鬪諍，　殑罪之所致，　作行如是者，　則墮餓鬼道。

修行道地經地獄品第十九

修行自念：「我身將無墮於地獄？曾聞罪人適共相見，則懷瞋恚欲還相害，手爪鋒利若如刀刃、自然兵杖、矛戟、弓箭、瓦石也！當相向時，刀戟之聲若如破銅，兵仗碎壞，刀矛交錯若如羅網，罪人見此心懷愁憂。」於是頌曰：

是輩諸罪人，　在地獄相害，　意欲得兵仗，　應心皆獲之。
刀刃持相害，　如水羅網動，　猶夏日中熱，　刀刃炎如是。

或有恐怖不自覺知，又有稱怨而懷毒恚，欲相害命以此為樂，遂興諍鬪，轉相推撲還相傷害，節節解之頭頸異處，或刺其身血流如泉，刀刃在體痛豈可言？刀瘡之處火從中出，或身摧碎，譬如亂風吹落樹葉，有臥在地身碎如蔑，須臾之間身復如故。於是頌曰：

挽髮相扠蹋，　展轉相牽曳，　罪人會共鬪，　苦惱無央數。
恐怖更相加，　當爾時大戰，　譬若拔叢樹，　相推壓如是。

爾時，罪人須臾平復，涼風四來吹令如故也。守獄之鬼水灑人上，已活且起，過惡未盡故使不死，聞獄鬼聲即起如故。於是頌曰：

以水灑其身，　涼風來吹之，　爾時獄罪人，　又聞守鬼言。
罪人身壞碎，　即活而有想，　塵勞罪未盡，　當復受考治。

爾時，罪人住轉復相見即懷瞋恚，口唇戰慄眼赤如血，腸胃脫落戰鬪如故；結怨以來其日固久，身體傷壞，墮地流血譬如濁泉，身體平復復從地起，相害如故。於是頌曰：

墮於地獄中，　勤苦不可言，　相害懷大恐，　宿罪之所致。
數數而見害，　還復活如故，　惡意反相向，　種罪無休息。
於此世間人，　喜造為殺害，　在於想地獄，　受罪如本行。
是故同行人，　久長處罪獄，　相奪命無數，　死復生如故。
住世犯罪者，　墮於想地獄，　譬如芭蕉樹，　適壞旋復生。

罪人若墮黑繩地獄，彼時獄鬼取諸罪人，排著熱鐵之地，又持鐵繩及執鐵鋸，火自然出拼直其體，以鋸解之，從頭至足令百千段，譬如木工解諸板材。於是頌曰：

守獄之鬼受王教，鐵繩拼身以鋸解，其鋸火然上下徹，撲人著地段段解。

守鬼又以斧斫其身，斤鑿并行，譬如木工斫治材木，或令四方而有八角；治罪人身亦復如是。於是頌曰：

守鬼罪人惡行會，斧鑿斤鋸及與繩，劈解罪囚如木工，譬如有人新起屋。

時獄守鬼火燒鐵繩互縶其身，截肌破體徹骨至髓，脇脊、髀脛、頭頸、手腳各令異處。於是頌曰：

考治百種痛，在於黑繩獄，皮剝以斧解，見斫如起舍。
各支解其身，血出如流泉，骨肉別異處，酷痛叵具言。
閻王之守鬼，破其身如此，彼過罪未盡，膿血流若斯。

其有墮在合會地獄，罪垢所致，令罪人坐鐵釘釘其膝，次復釘之盡遍其體，身碎破壞骨肉皆然，諸節解脫各在異處，其命欲斷困不可言；自然有風吹拔諸釘平復如故，更復以釘而釘其身，如是苦惱不可計數百千萬歲。於是頌曰：

以無央數百千釘，從空中下如雲雨，碎其人身若磨麵，本罪所致遭斯厄。

次雨鐵椎及復鐵杵，黑象大山鎮其身上如擣甘蔗，若笮蒲萄，髓腦、肪膏、血肉不淨皆自流出。於是頌曰：

黑象鐵杵大石山，笮以鐵軋*碎其身，
見地獄鬼皆懷懅，破碎其身如甘蔗。

以鐵軋輪而笮其身如壓麻油，置著臼中以杵擣之。於是頌曰：

獄吏無慈仁，以鐵軋杵臼，困苦於罪人，如笮麻油人。

爾時，罪人遙覩太山，見之怖走入廣谷中，欲望自濟而不得脫，適入其谷轉相謂言：「此山多樹當止於斯。」時各怖散在諸樹間，山自然合破碎其身。於是頌曰：

以積衆罪殃，己之本所造，彼時諸罪人，悉入於山谷。
適入山谷已，彼山自然合，碎罪人身時，其聲甚悲痛。

害牛羊豬鹿飛鳥，既無加哀奪人命，在合會獄痛無數，危他人身獲此惱。

又遙見火燒，罪人謂言：「此地平博，草木青青譬如琉璃，當往詣彼，爾乃安隱。」即行逆火坐樹木間，四面火起圍繞其身，燒之毒痛嘷哭悲哀，東西南北走欲避此火，輒與相逢不能自救。於是頌曰：

爪髮自然長，　色變燒炙痛，　風吹體舌乾，　見獄吏怖懅。
無數衆罪人，　為焰之所燒，　煙熏火燔之，　如蛾入燈中。

又復遙見鐵葉叢樹，轉相謂言：「彼樹甚好，青草流泉，共行詣彼。」無數百千諸犯罪人，悉入樹間或坐樹下，或有住立或睡臥寐，熱風四起吹樹動搖，劍葉落墮在其身上，剝皮截肉、破骨至髓、傷脇胸背、截項破頭。於是頌曰：

多所依信害衆生，墮于地獄謂有活，熱風四起落鐵葉，譬入于鬪傷如是。

爾時，鐵樹間便有自然烏鵲、鵰鷲，其口如鐵，以肉血為食，住人頭上，取眼而食，破頭噉腦。於是頌曰：

彼人前世時，　依信而害生，　以鐵落身上，　解解而斷截。

烏鵰甚可畏，　四面來擊人，　住頭而脫目，　發腦而食之。

於是鐵葉大地獄中，便自然生眾狗，正黑或有白者，走來嗥吼欲擊罪人。罪人悲哭避之而藏，或有四散或怖不動，狗走及之便捉罪人，斷頭飲血次噉肉髓。於是頌曰：

張口齒正白，　吼鳴聲可畏，　吐舌而舐脣，　強逼傷害人。
以刀傷其身，　烏獸所食噉，　苦毒見惱害，　坐依信殺生。

爾時，罪人為狗所噉，烏鳥所害，恐怖忙走，更見大道分有八路皆是利刀。意中自謂：「生草青青有若干樹，當往詣彼。」行利刀上截其足趺，血出流離。於是頌曰：

其人受經律，　破壞於法橋，　見有順戒者，　而強教犯戒。
逐之入長路，　刀刃截其足，　足下皆傷壞，　窮極不自在。

爾時，遙見諸刺棘樹高四十里，刺長尺六，其刺比緻自然火出。罪人心念：「彼是好樹，種種花實。」皆共往詣到鐵樹間。於是頌曰：

遙見鐵樹葉，　　枝柯甚高遠，　　利刺生皆鋸，　　或上或向下。
其罪人及見，　　謂為是果樹，　　宿命罪所致，　　殃垢之所犯。

爾時，有羅剎顏貌可畏爪髮悉長，衣被可惡頭上火出，捉持兵仗來撾罪人，勅使上樹；罪人恐懼，淚出交橫悉皆受教，其刺下向皆貫彼身，傷其軀體血出流離。於是頌曰：

體大色如炭，　　麁獷惡目張，　　獄王使持杖，　　皆撾擊此人。
前世積罪殃，　　愚喜犯他妻，　　自言我宿過，　　血流刺傷身。

爾時，罪人為守鬼所射，箭至如雨啼泣悲哀，呼使來下刺便上向，貫軀如炙，復喚使上；罪人叉手皆共求哀，歸命惡鬼願見原赦。於是頌曰：

從刺樹上來下已，　　獄王守鬼逆刺害，　　為箭所射而叉手，　　求哀可愍欲免罪。

時獄守鬼聞見求哀，益以瞋怒復重撾刺，更遣使上，體悉傷壞啼嘷還上。於是頌曰：

獄王守鬼而撾刺，　　求哀欲脫鬼益怒，　　時諸刺貫身悉傷，　　勅使還上復如故。

彼鐵樹邊有二大釜猶若大山，守鬼即取犯罪之人，著鐵釜中，湯沸或上或下，譬如人間大釜之中，煮于小豆而沸上下；又於鑊湯若千萬億年考治毒痛。於是頌曰：

設得為國長，　橫制於萬民，　以至地獄界，　考治百億年。
墮于鑊湯中，　在釜而見煮，　以火燒煮之，　譬若如煮豆。

從鐵釜脫，遙見流河，轉相謂言：「彼河洋洋而有威神，水波興降，衆花順流，兩邊生樹，其葉青青蔭彼河水，底皆流沙其水清涼，往詣飲水洗浴解疲。」兩邊生棘罪人不察，入彼河水悉是沸灰。於是頌曰：

其人前世害水蟲，血肉皆落遺骨腦，本謂涼水反沸灰，甚深而熱沸踊躍。

罪人墮在沸灰地獄，髮毛、爪齒、骨肉各流異處，骸體筋纏隨流上下；適欲求出，守鬼鉤取臥著熱地，風起吹之體復如故。獄鬼問曰：「卿所從來，欲何所湊？」罪人答曰：「不審去來，計從若干百千億歲飢不獲食。」以飢渴故，守鬼取鉤，鉤開其口，以燒鐵團，又以洋銅注其口中，燒罪人咽，腹內五藏悉爛，腸胃便下過去，毒痛甚不可言，過惡未盡故不死也。

去河不遠有二地獄：一名曰叫喚，二名大叫喚。以鐵為城，樓櫓百尺埤埦嚴牢，悉以鐵網覆蓋其上。罪人相謂：「此城大好，共往觀之。」適入中已，心自念言：「已脫恐難，無復衆惱。」歡喜跳躁皆稱萬歲，或面拍地或仰面臥，或睡眠擗破傷面者。四垣從外自然有火，燒諸樓櫓埤埦，衆網及門悉然，城內皆火燒罪人身，展轉相見譬如然炬，猶若掣電亦如散火，焚體毒痛譬如火箭射象，叫喚苦痛叵言。積百年已東門乃開，時無央數百千罪人悉走趣門，適至便閉，相排墮地如大樹崩，轉相鎮壓若如積薪，過惡未盡故令不死。於是頌曰：

至恐怖懅叫喚獄，求救護故而到彼，如大積薪以火燒，罪人如是相積燒。
若斯燒毒痛，叫喚走四散，常畏於獄鬼，恐怖而懷懅。
若受於所寄，抵突不肯還，閉在叫喚獄，惡罪受毒痛。
受無央數之苦酷，為火所燒甚困厄，遭無量惱不可言，罪人叫喚大叫呼。

爾時，罪人脫出叫喚獄，次入阿鼻摩訶地獄，守鬼尋即錄諸罪人五毒治之，挖其身體如張牛皮，以大鐵釘釘其手足及釘人心，拔出其舌百釘釘之，又剝其皮從足至頭。於是頌曰：

挖身如牛皮，　鐵釘而釘之，　兩舌之所致，　鐵釘壞其舌。
剝身皮曳地，　若如師子尾，　如是計數之，　受苦不可量。

於是守鬼錄取罪人駕以鐵車，守鬼御車以勒勒口，左手執御右手持杖，撾之令走東西南北；罪人挽車疲極吐舌，被杖傷身破壞軀體，而皆吐血躃地傷胸。於是頌曰：

罪人駕之以鐵車，　獄鬼驅之令犇走，　撾搒其身而吐血，　如馬戰鬪被矛瘡。
若無有信輕善人，　自犯罪惡謂應法，　凶罪引之入阿鼻，　受無央數諸苦毒。

阿鼻地獄自然炭火至罪人膝，其火廣大無有里數。爾時，罪人發於邪念，反從曲道謂是好地，即入火中燒其皮肉及筋血脈，適還舉足平復如故。於是頌曰：

時炭火然至于膝，　既自廣長復風吹，　罪人行上然爛皮，　捨正入邪罪如斯。

得離此獄，去之不遠有沸屎獄，廣長無數其底甚深，罪人見之謂是浴池，轉相語言：「彼有浴池，中有青蓮五色之華，當共往洗飲水解渴。」悉皆入中沈沒至底，中有諸蟲，其口如鐵鍼，以肉為食，鑽罪人身壞破肌膚，從足鑽之乃出頭上，眼、耳、鼻、口皆有蟲出，本罪未竟故令不死。於是頌曰：

罪果所致受毒痛，爾時罪人阿鼻獄，苦痛噭喚而懊惱，挓其身體鐵釘之。
沸屎臭不淨，廣長無數量，惡露皆在彼，其底而甚深。
犯罪無一善，墮此閻王獄，斯諸罪人輩，鍼嘴蟲噉之。
在炭火獄及阿鼻，并一切瑕沸屎中，墮於流河罪所興，宿殃所致故不死。

於是有二獄名燒炙、烳煮，彼時守鬼取諸罪人段段解之，持著鏊上以火熬之，反覆鐵鏟以火炙之。於是頌曰：

已到于大苦，在燒炙烳煮，罪中殃差者，則識本行惡。
以刀段段解，破壞令無數，用鏟燒炙之，著鏊上熬之。
在燒炙烳煮，可惡為瑕惱，無數人見酷，如廚作肉羹。
設害於賢者，投之大火中，其犯戒壞法，洪象見蹈踐。

作人性剛弊，　常喜害衆生，　所食無所擇，　生城守獄鬼。

修行道者心自念言：「吾身將無以此之比，墮八罪獄及十六部。又吾前世無數生來更斯惡道，假令不能究竟聖道當復入中。譬如有人犯於逆惡，王勅邊臣明旦早時矛刺百瘡，日中刺百，向冥刺百；彼人一日被三百瘡，其身皆壞無一完處，體痛苦惱甚不可言。雖有此痛，比地獄惱，百千萬億無數之倍不可相喻。地獄之痛甚苦如是也。」於是頌曰：

自犯衆惡牽致斯，毒痛見考而可憎，覩此苦惱當諦思，常勤精進速成道。

其修行者立是學地，當除歡喜堅固其心，若志輕舉當自制止，譬如御者將御馳車。於是頌曰：

喻若燒炭火，　未曾有休息，　常遭此苦痛，　晝夜酷無量。
以利諸矛戟，　見刺百倍痛，　計此衆惱害，　不比獄毛痛。

其修行者心自念言：「吾身今者未脫此患，不當歡欣。」如是自制不復輕戲，若斯立者，則能專行入于善法；行者爾乃戰慄驚恐，夙夜不違其法。於是頌曰：

觀衰耗若斯，如樹果自傷，且觀罪塵勞，積之如太山。
見是穢濁苦，人犯墮惡道，專精在修行，棄歡及調戲。
觀於惡道窈冥苦，而佛經法照如日，以厭衆患順講此，依鈔經卷除輕慢。

修行道地經卷第三

修行道地經卷第四

西晉三藏竺法護譯

勸悅品第二十

承慧得度衆，道成清為流，其智常飲此，服以法甘露。
厥水而無盡，猶穿漏不斷，願歸智慧種，道德已具足。
其以羸弱者，承學意自達，造度定意使，立志法禪思。
其佛天中天，行權善方便，現無量智慧，身心歸稽首。

假使修行發羸弱心，心自念言：「我得善利脫乎八難，得閑居自在。吾已逮遇一切智師而有歸命，其法無欲，衆僧具成；吾已梵行種道，而有成者或向道者，衆人墮邪，我順正道；餘人行反，吾從等行。今吾不久為法王子，天上、人間難戒德香，不匿其功德得不惱熱，爾乃安隱服解脫味，日當飽滿獲救濟安，度於惡路無有恐懼，乘于寂觀入八道行，到無恐難趣泥洹城。」以是自勸，遵奉精勤。於是頌曰：

修行設羸弱，　常僥遇法利，　吾得歸世尊，　正法及衆僧。
方便歡喜心，　以勸羸弱意，　常專思遵奉，　是謂為修行。
初學及道成，　人雜如叢樹，　以離於邪徑，　便立在正路。
戒德以為香，　譬如林樹熏，　忽然而解脫，　得道則普現。

而從佛生經法樹，因衆要鈔如採華，正法須臾有懈怠，欲令自勉故說是。

修行道地經行空品第二十一

各自名人物，　悉知其本號，　曉衆生微苦，　如蓮花根絲。
以審諦觀故，　無有吾我想，　人上不計身，　願禮無著尊。

其光照於世，　如炬明冥室，　厥心之所覩，　一切無固要。

我歸命彼覺，　其心行平等，　察諸天及人，　普見如空無。

設修行者有吾我想而不入空，則自剋責：「吾哀無利，用心罣礙，不順空慧樂吾我想。」憂慼自勉誘心至空，或誡其志誘之向之。因至本無三界皆空，萬物無常；有是計者，諫進其心令不放逸。於是頌曰：

其不解空有我想，志則動起如樹搖，勸誘厥心向空無，不久當獲至本淨。

譬如國王而有俳兒，其俳母終，持服在家，王欲聞說使人召之。王欲相見，俳自念言：「吾有親老適見背棄，今王嚴急，若不往者，當奪我命，或見誅罰；母雖壽終，無他基業，宜當應之，不違尊命。」陽作俳戲得王歡心，強自伏意制於哀慼，不復念母則自莊嚴，和悅被服便往奉現，外陽嘲說令王歡喜，退自思念遭於母喪，心中悲慼如火燒草，嗚呼！痛哉！何忍當笑！適罹重喪竊畏國王，即制哀心如水澆火，遂復俳戲稍忘諸憂，戲笑益盛令王踊躍。其修行者亦當如是，誘進道心，使解空無除吾我想，因是習行遂入真空。於是頌曰：

譬如王有俳，　身遭重憂喪，　陽笑除憂慼，　心遂歡喜悅。

修行亦如是，　稍誘心向空，　照耀近慧明，　志定不動轉。

是故行者當順空教設誡其心，或中亂者起吾我想，則自思惟：「譬如有人合集草木以用作栰，欲渡廣河，其水急暴漂而壞栰。吾誘進心從來積日，勤苦叵言亂志卒起，違其專精有吾我想。」於是頌曰：

譬如合集草木栰，山川江河漂之壞，愛欲之河急如是，意念于寂則向空。

譬如夏月熱燋草木，得霖雨時，便復茂生五穀豐盛；吾思惟空則無吾我，設不思惟便興身想。於是頌曰：

譬如於彼霖雨時，諸枯草木悉茂生，設使修行思惟空，則捐吾我無想念。

修行自念：「吾所以坐，欲求滅度，實事叵求，設有我者可方求之，而我本空無有吾我。今欲分別身之本無，我何所是寧有身乎？」於是頌曰：

其處我想解乃覺，常諦觀之為本無，設使隨俗不自了，若如冥中追于盲。

其修行者退自思惟：「有身成我，衣食供養有餘與他，是為吾我計本悉空。

假使有難，先自將護然後救他；若捨身已復有餘患，則當追護；人一切貪皆由身興，無復他討，是故知之身為吾我。」於是頌曰：

諸貪財色皆為身，設有恐難先自護，永不顧人唯慕己，是故俗人為吾我。

修行自念：「當觀身本六事合成。何謂為六？一曰、地，二曰、水，三曰、火，四曰、風，五曰、空，六曰、神。何謂為地？地有二事：內地、外地。」於是頌曰：

地水火風空，　魂神合為六，　身六外亦六，　佛以聖智演。

何謂身地？身中堅者，髮毛、爪齒、垢濁、骨肉、皮革、筋連、五臟、腸胃、屎穢不淨。諸所堅者是謂身地。於是頌曰：

人身積之若干種，髮毛爪齒骨皮肉，及餘體中諸所堅，是則謂為內身地。

彼修行者便自念言：「吾觀內地是我身不？神為著之與內合乎？身合為異吾我別乎？當觀剃頭下鬚髮時，著於目前一一分髮，百反心察何所吾我？設一毛我，安置餘者？若毛悉是，斯亦非應為若干身。又除鬚髮從小至長亦難計量，若持著火燒其髮時，身便當亡。髮從四生：一曰、因緣，二曰、塵勞，三曰、愛欲，四曰、飲食。計是非身則無吾我，鬚髮衆緣合我適有。一髮墮地，設投於火，若捐在厠，以足蹈之於身無患，在於頭上亦無所益；以是觀之，在頭在地等而無異。」於是頌曰：

頭上雖多髮，　增減亦無異，　設除及與在，　亦不以為憂。
諦觀察是已，　則無有吾我，　是故分別了，　各各無有身。

「假使彼髮為吾我者，如截葱薤後則復生。以是計之，當復有我。所以者何？其葱薤者自毀自生，一切皆空非吾無我。假使鬚髮與神合者，如水乳合猶尚可別，設使鬚髮有吾我者，初在胎中受形識時，都無髮毛，爾時吾我為在何許？後因緣生，以是知之，髮無吾我，髮生不生，若除、若在計無有身。以是觀之，草苗及髮一無有異。」於是頌曰：

假使鬚髮有吾我，便當可見如葱薤，身猶芻草剉斬之，觀體與草等無異。

其修行者思惟如是：「本無有吾，今不見我，曉了若斯不懷狐疑，如髮無我一切亦然。髮毛、爪齒、骨肉、皮膚悉無所屬，諦觀如是，地無吾我，我不在地。」於是頌曰：

身髮種類無吾我，分別體內百千段，於中求之無有身，譬如入水而求火。

其修行者心自念言：「吾求內地都無吾我，當察外地，儻有吾我依外地耶？何謂外地？與身不連，麁強堅固離於人身，謂為土地、山巖、沙石、瓦木之形，銅鐵、鉛錫、金銀、鍮石、珊瑚、虎魄、車磲、馬瑙、琉璃、水精，諸樹、草木、苗稼、穀物，諸所積聚。」於是頌曰：

山巖石瓦地樹木，及餘諸所有形類，其各離身衆殖生，是則名曰外地種。

其修行者觀於外地，則知內地無有吾我。所以者何？內地增減則有苦安，尚無有身，何況外地當有體耶？設有破壞斷截燒滅，鑿掘剝裂不覺苦痛，寧可謂之有吾我乎？故外內地皆無所屬等而無異。於是頌曰：

譬如內地無吾我，何況在外而有者！以觀無我等無異，省之同空而不別。

何謂為水？水為在我，我為在水？水有二事：內水、外水。何謂內水？身中諸軟濕膩、肪膏、血脈、髓腦、涕淚、涎唾、肝膽、小便之屬，身中諸濕是謂內水。於是頌曰：

肝膽諸血脈，　及汗肪之屬，　涕淚諸小便，　身中諸濕者。
散體有柔軟，　與神不相連，　通流遍身中，　是謂為內水。

其修行者，涕唾在前諦觀視之：「以木舉之我著此乎？假使依是日日流出，棄捐滅沒將定在外，不計是我亦不護之。假使木擎有吾我者，盛著器中以何名之？如是觀者諦知無身。所以者何？計於形體無有若干，以此之比水種衆多，水則無我，內外亦爾。」於是頌曰：

假使我如水，　水消我則滅，　如身水稍長，　我者亦應爾。
如棄體中水，　不貪計是身，　諦觀如是者，　則無有吾我。

其修行者復更省察已：「見內水無有吾我，當觀外水無有我耶？我依水乎？何謂外水？不在己者，根味、莖味、枝葉花實之味，醍醐、麻油、酒漿、霧露、浴池、井泉、溝渠、澇水、江河、大海、地下諸水，是謂外水。」於是頌曰：

地上諸可名水者，及餘衆藥根莖味，與身各別不相連，是則謂之為外水。

其修行者諦觀外水分別如是，而身中水尚無吾我，有所增減令身苦痛，何況外水而有身乎？設有取者於己無損，若有與者於身無益。以是觀之，此內外水等而無異。所以者何？俱無所有。於是頌曰：

身中諸水無吾我，設有苦樂及增減，如是外水豈有身，苦樂增減而無患。

今當觀察諸火種：「火有我耶？我著火乎？何謂為火？火有二事：內火、外火。何謂內火？身中溫暖諸熱煩滿，其存命識消飲食者，身中諸溫此為內火。」於是頌曰：

身中諸煖消飲食，溫和存命諸熱者，是則體分及日光，斯謂名之為內火。

其修行者當作等觀：「身中諸溫或熱著頭，或在手足、脊脇、腹背。如是觀者各各有異，計人身一不應有我，諦視如是則無所屬，是為內火。」於是頌曰：

分別計人身，心察火無我，所處若干種，各各不見我。

其修行者便自思惟：「吾求內火則無有身，當觀外火為有我乎？我依火耶？

何謂外火？與身不連，謂火及炎溫熱之屬，日月星宿所出光明，諸天神宮、地岸、山巖、鑿石之火，衣服、珍琦、金銀、銅鐵、珠璣、瓔珞及諸五穀、樹木、藥草、醍醐、麻油，諸所有熱是謂外火。」於是頌曰：

日月炎火及星宿，下地諸石光熱者，及餘一切諸溫暖，是則名曰為外火。

其修行者思惟：「外火所覩如是，則知外火不可稱數。火有二事：有所燒煮，火在草木不焚草木；所處各異，設外火中有吾我者，則不別異。以故知之外火無身，亦不在彼，內火、外火俱而無異。所以者何？等歸于空。」於是頌曰：

所以有此火，唯燒熱炊熟，山巖諸石子，所積聚如是。
各各所在異，熾然不一時，外火無若斯，是故知無我。

今當觀察：「諸所風氣為有我耶？我在風耶？何謂為風？風有二事：內風、外風。何謂內風？身所受氣上下往來，橫起脇間、脊、背、腰風，通諸百脈骨間之風，掣縮其筋力風；急暴諸風興作動發則斷人命，此謂內風。」於是頌曰：

載身諸風猶機關，其斷人命衆風動，喘息動搖掣縮體，是則名曰為內風。

其修行者當作是觀：「此內諸風皆因飲食不時節起及餘因緣；風不虛發，風若干種，步步之中各各起滅，於彼求我而不可得。以是言之，求於內風而無吾我。」於是頌曰：

人身動風及住風，計若干種從緣起，此各殊異非有我，是故內風而無身。

其修行者心自念言：「今求內風則無有我，當復察外。何謂外風？不與身連，東西南北暴急亂風、飄風、冷熱多少微風、興雲之風、旋嵐動風、成敗天地及持水風，是謂外風。」於是頌曰：

四方諸風及寒熱，旋嵐之風亦成敗，持雲塵清并飄風，是則名曰為外風。

其修行者觀風如是，則自念言：「外風不同，或大或小或時中適；或時盛熱持扇自扇，若有塵土而拂拭之；急疾飄風，則逝驚人；旋嵐之風立在虛空，天地壞時拔須彌山，兩兩相搏皆令破壞，舉下令上，飄高使墮，相撲碎壞皆使如塵。計身有一無有大小，外風既多又復大小，觀內、外風等無差特。所以者何？俱無所屬。」於是頌曰：

若使執扇除汗暑，人身中風及旋嵐，虛空衆風亦無我，是則名曰為外風。

其修行者皆能分別了此四大，雖爾未捨，不解身空所在作為，輒計有身亦言有吾。以觀本無，計內四種及外四種俱等無異。色、痛、想、行、識則為猗內亦無所猗。所以者何？其心意識而不在內，痛、想、行、識亦不與身四大相連。於是頌曰：

當觀察此四種分，其無慧者常懷疑，色痛行識不連內，安當相著外四種。

其修行者假使狐疑，當觀本原能解其根，則知如審。譬如種樹而生果實，非是本子亦不離本；一切如是因獲四大，如有五陰，則在胞胎成心精神，形如濁酪則生息肉，稍稍而成小兒之身，從少小身便至中年。是若干種本從胎起，既成就身非初合身亦不離初，始從胎精稍稍成形，至于中年精神所處，四大種之變漸漸日長；以觀本無則無有我，等無差特四種法爾，精神所處漸漸成軀，其無精神亦轉長大。於是頌曰：

內由心生實，　如樹從子出，　心如樹因果，　外種亦如是。

其身法亦然，　因心念眾想，　厥外種無意，　安能有眾想。

譬如外種或有出金，後有工師或出銅鐵、或出鉛錫、或出銀者，或出鍮石、車磲、馬瑙、琉璃、水精、珊瑚、虎魄、碧英、金剛、金精眾寶，其於外種出如是輩琦瓄珍異。計身內種胎中始生，若二肉摶名為眼相，其目中光有所見者名曰為睛，目中黑瞳因于內睛得見外形，內外相迎然後為識，識何所興？謂痛、想、行；若如從目生痛、想、行，耳、鼻、口、意亦復如是。內外諸種等亦無異，從內諸種心痛、想、行，本從內起不由于外。於是頌曰：

有護於外種，　用出金銀故，　內種亦如是，　二肉摶成眼，
從眼根覩色，　因色而成識，　由心起眾想，　內自在號識。

其修行者儻有是疑：「所謂內種頗有踰者，所謂內中之內。」或自覺言：「朦瞑之人不聞不了，其心反耶入於貢高，所見身者則是吾所，我為有體我或在內，觀他人身亦如是也，所覩如斯不能起踰。佛解人身四大、五陰及諸衰入，因號之身我所、他人，計此內外凡俗言耳！如俗所言吾欲從之，設不從者儻有諍訟，

學道之人未曾計形。」於是頌曰：

我寧有勝乎？　能超內我耶？　愚騃亦如是，　無慧隨邪見。
言語有增減，　凡俗所說耳，　智慧除如是，　分別無特異。

其修行者見知了了成清淨慧，設使內種是我所者，常得自在當制訶之，進退由人所以知之。無我者何不得自在？慼於衰老鬚髮自白，爪長、齒落、面皺、皮緩，顏色醜變、筋脈為緩，肉損、傷骨、風寒熱至，相錯不和膿血濁亂，計外四大亦復如是，或有掘地山崩谷壞，地、水、火、風或增或損。用不自在是故無身，由此知之，內外諸種無吾非我。於是頌曰：

生老病死至，　猶尚不自在，　外地亦如此，　崩掘常增減。
內眾事成身，　外種亦若干，　如實正諦觀，　則知無吾我。

修行自念：「我心云何？從久遠來，四大悉空反謂我所。譬如夏熱清淨無雲，遊於曠澤遙見野馬，當時地熱如散炭火，既無有水草木皆枯，及若沙地日中炎盛。或有賈客失眾伴輩，獨在後行上無傘蓋，足下無履體面汗出，脣口燋乾熱炙身體，張口吐舌劣極甚渴，四顧望視其心迷惑，遙見野馬意為是水，謂為：『不遠似如水波，其邊生樹若干種類，鳧、鴈、鴛鴦皆遊其中。我當至彼自投坑底，復出除身垢熱及諸劇渴、疲極得解。』爾時，彼人念是已後，盡力馳走趣於野馬，身劣益渴遂更困頓，氣乏心亂即復思惟：『我謂水近，走行有里，永不知至，此為云何？本之所見實是何水？吾自惑乎？』遂復進前，日轉晚暮，時向欲涼不見野馬，無有此水，心即覺之：『是熱盛炎之所作耳！吾用渴極，遙見野馬，反謂是水。』」於是頌曰：

遙見日盛炎，　謂是流水波，　以渴困極故，　意想呼是河。
時暮遂向涼，　更諦察視之，　乃知是野馬，　吾惑謂為水。

修行自念：「吾本亦然，渴於情欲追之不息，著終始愛還自燋然，迷守疑想癡網所蓋，野馬見惑；吾從久遠唐有是心，貪著于我謂是吾所。今已覺了所覩審諦，身所想見斯已除矣！今覩六分無有吾我，觀一毛髮永不見有，況於體中毛孔諸物！解身一毛有若干說，況當講論一切地乎！」於是頌曰：

自觀其身謂有我，愚渴見炎亦如是，知此六分非我所，有是心者諸合德。

其修行者當復思惟：「愚者不明，發心生想是吾斯我。彼意所念，衆想邪行；初起謂念，後起謂行；思是然後，心中風動令口發言，倚四大身計吾有我。是事皆空、無吾、無我，唯是陰種諸入之根，是故有身因號名人。男子、丈夫、萌類、視息，載齒之種志從內動，因風有聲令舌而言。譬如大水高山流下，其震動暢逸行者聞之；亦如深山之嚮，呼者即應；人舌有言本從心起，亦猶如是。」於是頌曰：

依倚諸種想衆法，本從邪思起意念，因長成身有言說，出若干義如山川。

其修行者當復自念：「是四種身無吾、無我，轉相增害，譬如有人財富無數而有四怨，四怨念言：『此人大富財寶不呰，田地舍宅器物無量，奴婢僕使無所乏少，宗室親友皆亦熾盛。吾等既貧復無力勢，我輩不能得報此怨，當以方便屈危斯人，當以何因成其方計？常親近之乃可報怨。』爾時，四怨詐往歸命，各自說言：『我等為君趨走給使以當奴客，所欲作為願見告勅。』其人即受，悉親信之令在左右。四怨恭肅晚臥早起，悚慄叉手諸可重作皆先為之，不避劇難。爾時，富者見彼四怨恭敬順從，清淨言和卑下其心，意甚愛之，謂此四人：『是吾親親莫踰卿者。』所在坐席輒歎說之：『是吾親友，亦如兄弟子孫，無異是輩所興，有可作為，吾終不違。』有是教已，食飲同器出入參乘。於是頌曰：

親近無數便，　除慢不逆命，
卑下如家客，　順意令歡喜。
怨安能行此，　是等為本讐，
在世有嫌結，　依之如親友。

「爾時，富者親是四怨心未曾疎，然後有緣與斯四人從其本城欲到異縣。自共竊議：『此人長夜是我重讐，今者在此墮吾手中，既在曠野無有人民，此間前後所傷非一也。今斯道路離城玄隔，去縣亦遠，前後無人邊無候望，亦無放牧、取薪、草人、射獵之者也！今正日中，猛獸尚息，況人當行！今垂可危。』於時四怨捉富者髮，杻之著地，騎其胸上，各陳本罪。一怨言曰：『某時殺我父。』第二人言：『卿殺我兄。』第三人言：『汝殺我子。』第四人言：『汝殺我孫。今得卿便段段相解，當截其頭解解斬之，自省本心曾所作不？皆思惟之。今汝亡命至閻羅獄。』爾時，富者爾乃覺耳：『是我怨家反謂親親，初來附吾吾愛信之，食飲好樂不為悋惜，視之如子，吾所欲得悉著其前，久欲害我，我不覺耳！今捉我頭撲之在地陳吾萬罪，截吾耳鼻及手足指、剝皮、斷舌，今諦知卿是我仇怨。』」於是頌曰：

其人相隨來，　怨家像善友，　口軟心懷毒，　如灰覆盛火。
現信無所持，　剝吾如屠羊，　其人心乃覺，　是怨非親友。

修行如是等觀此義：「吾本自調地、水、火、風四事屬我，今諦察之，已為覺知，是為怨家骨鎖相連。所以者何？身水增減，令發寒病有百一苦，本從身出還自危己也。若使身火復有動作，則發熱疾百一之患，本從身出還復自危也。風種若起，則得風病百一之痛也。地若動者眾病皆興，是為四百四病俱起也。是四大身皆是怨讐，悉非我許誠可患厭，明者捐棄未曾貪樂。」於是頌曰：

火本在於木，　相揩還自然，　四種亦如是，　不和危其身。
明人常諦觀，　省察其本原，　是內四大空，　此怨何為樂。

其修行者自思惟念：「吾觀四種實非我所，當觀空種為何等類？空者有身，身為有空。何謂空種？空有二事：內空、外空。何謂內空？身中諸空，眼、耳、鼻、口、身、心、胸、腹、腸胃、孔竅臭穢之屬，骨中諸空衆脈瞤動，是輩名為內空也！」於是頌曰：

如蓮華諸孔，　體空亦如斯，
骨肉皮動瞤，　身內空無異。

其修行者當作斯觀：「身中諸孔皆名曰空，不從此空而起想念，不與空合。所以者何？意從心起，意意相續本從對生，其意法者當自觀心，觀他人心，心無亦空無所依倚，以三達智察去、來、今皆無所有，若干方便省於內空永不見身，是故內空而無吾我。」於是頌曰：

觀於內種何所在，永不得我如毛塵，
是故身空心意識，譬如冥影但有名。

其修行者當作是觀：「已見內空悉無所有，當復觀外為何等類為有我？我依之耶？何謂外空？不與身連，無像色者而不可見，亦不可獲，無有身形不可牽制，不為四種之所覆蓋，因是虛空分別四大，而依往反出入進退，上下行來，屈申舉動，下深上高，風得周旋火起山崩，日月星宿周匝圍繞，得因而行是為外空。」於是頌曰：

不見其色像，　能忍無罣礙，　衆人因往還，　屈申及動作。
衆水所通流，　日月風旋行，　山崩若火起，　是謂為外空。

其修行者諦觀如是：「而身內空尚非吾所，況復外空而云我乎？執心專精，內外諸空等無有異。所以者何？無有苦樂故也。不可捉持無有想念，已無心意無有苦樂，不當計我。」於是頌曰：

是身中諸空，　計體了無我，　何況於外空，　當復計有所！
察於內外空，　悉等無差異，　以不與苦樂，　離於諸想念。

今當觀察心神之種：「心有我，我依心神耶？何謂心神？心神在內不在外，心依內種得見外種而起因緣。神有六界：眼、耳、鼻、口、身、心之識也。」

彼修行者當作是知，目因色明猶空隨心，以是之故便有眼識。於是頌曰：

因內諸種大，　及外衆四分，　如兩木相鑽，　火出識如斯。

耳鼻身口意，　分別成六事，　色為罪福主，　是名曰諸識。

其眼識者不在目裏，不在外色，色不與眼而合同也，亦不離眼。從外因色，內而應之，緣是名識。於是頌曰：

譬如取火燧，　破之為百分，　而都不見火，　觀火不離木。
其諸識之種，　計之亦若斯，　因六情有識，　察之不可分。

譬如有王上在高樓，與群臣百僚俱會。未為王時在於山居為仙人子，群臣迎之立為國王，未曾聽樂，聞鼓、箜篌、琴瑟之聲，其音甚悲，柔和雅妙得未曾有：顧謂群臣：「是何等聲其音殊好？」於是頌曰：

如仙人王在閑居，來在人間聞琴聲，其王爾時問群臣，是何音聲殊乃爾。

群臣白王：「大王未曾聞此音耶？」於是頌曰：

群臣報王曰，　王未曾聞耶？　如王見試者，　臣不宣惡言。

王告群臣言：「吾身本學，久居雪山為仙人子，其處閑居，與此差別以故不聞。」於是頌曰：

王以本末為臣說，止在閑居法為樂，遊于獨處故不知，不能分別此音聲。

爾時，傍臣前啟王言：「大王欲知，是名曰琴。」於是頌曰：

王未曾聞此，　不解音所出，　臣言人中尊，　是者名曰琴。

王告傍臣：「便取琴來，吾觀之何類？」即受勅命則持琴來。王告之曰：「吾不用是，取其聲來。」傍臣報曰：「是名曰琴，當興方便動作功夫乃有聲耳。何緣舉聲以示王乎。」於是頌曰：

其王有所問，　群臣尋答曰，　其聲不可獲，　無有自然音。

王問群臣：「興何功夫而令有聲？」群臣白王：「此名曰琴，工師作成既用燥材，加以筋纏以作成竟；復試厥音，令不大小使其平正。」於是頌曰：

治用燥材作斯琴，覆以薄板使內空，復著好絃調其音，然後爾乃聲悲和。

臣啟王曰：「鼓琴當工巧節相和，不急不緩不遲不疾，知音時節解聲麁細，高下得所。又既曉賦詠歎詠之聲，歌不失節習於鼓音；八音、九韶、十八之品，品有異調，其絃之變三十有九。」於是頌曰：

其音而悲和，　宣暢聲逸殊，　四部聲柔軟，　能歌皆通利。
曉了詩賦詠，　若如天伎樂，　得如是人者，　鼓琴乃清和。

群臣白王：「如斯師者，調琴絃聲爾乃悲快，如向者王之所聞，聲已滅盡矣不可復得。設人四方追逐其音，求之所在而不可獲。」王謂群臣：「所謂琴者，無益於世，無有要矣！是謂為琴令無數人放逸不順，為是見欺迷惑於人，取是琴去，破令百分棄捐于野。」於是頌曰：

若干功夫成其音，是為虛妄迷惑俗，假使無鼓聲不出，煩勞甚多用是為。

其修行者作是思惟：「譬如彼琴，興若干功爾乃成聲；眼亦如是，無風寒熱，其精明徹心不他念，目因外明，所覩色者無有遠近，色無細微亦不覆蓋。識非一種，因是之緣便有眼識。」於是頌曰：

如琴若干而得成，聲從耳聞心樂之，無有衆病目睛明，設無他念名眼識。

所從因緣起眼識者，其緣所合無常、苦、空、非我之物，因從眼識而致此患。設有人言：「有常樂命，是我所者。」是不可得，此為虛言，安可自云：「眼識我所。」以是知之，身無眼識也。眼識無常，心諸所想亦復如是。審諦觀者知其根本，一切諸法皆非我所。

譬如御車摘取芭蕉之樹一葉，謂之為堅，在手即微，次第擿取至其根株無一堅固，亦不有要安能令剛也。修行如是，從初發意時，觀其毛髮：「為是我所？為在他所？」審觀如是，察其髮頭，一切地種、水、火、風、空，并及精神視察無身。

如吾曾聞：「日入夜冥，有人獨行而無有月光，遂至中半遙察見樹，謂之為賊如欲拔刀、張弓、執戟，危我不疑，心懷恐怖不敢復前，舉足移動志甚愁慼惱不可言；天轉向曉，星宿遂沒日光欲出，爾乃覺知非賊是樹。」

其修行者當作是觀：「我自往昔愚癡所蓋，謂有吾身及頭、手足、脇脊、胸腹諸所合聚，行步、進止、坐起、言語所可作為。稍稍自致，學問曉道智慧聰明，愚癡之冥遂為淺薄，爾乃解了無有吾我，骨鎖相連皮革裹纏，因心意風行步、進止、臥起、語言有所作為。」於是頌曰：

有人冥行路，　望見樹謂賊，　愚人亦如是，　見身計有我。
明無吾我人，　積衆事成體，　骨鎖諸孔流，　因心神動風。

吾曾聞之：「昔有一國，諸年少輩遊在江邊而相娛樂，以沙起城或作屋室，謂是我所各各自護，分別所為令不差錯，作之已竟。中有一子，即以足觸壞他沙城，主大瞋恚牽其頭髮，以拳打之舉聲大叫：『某壞我城，仁等願來助我治罪！』衆人應聲，悉往佐助而撾治之，足蹈其身：『汝何以故，壞他人所作？』其輩復言：『汝破他城，當還復之。』共相謂曰：『寧見此人壞他城不？其有効者，治罪如是。』各自在城而戲欣笑勿復相犯。」於是頌曰：

小兒作沙城，　觸之皆破壞，　戲笑而作之，　謂為是我所。
各各自懷心，　是吾城屋界，　而已娛樂中，　如王處國宮。

「爾時，小兒娛樂沙城，謂是我所將護愛之，不令人觸。日遂向冥各欲還歸，其心不戀，不顧沙城，各以手足蹋壞之，去而歸其家。」於是頌曰：

小兒積沙以為城，在中娛樂盡黃昏，日適向冥不戀慕，即捨其城歸還家。

其修行者當作是觀：「吾未解道計有吾我，恩愛之著普護身色，老病將至，無常對到，忽盡滅矣！今適捨色心無所樂，以智慧法分別散壞四大、五陰。今已解了色、痛、想、行、識諸入之衰皆非我所，如今五陰非身所有，過去、當來、現在亦然。」其觀生死以如是者，便能具足得至脫門，欲求空者順行若斯。於是頌曰：

其有習欲者，　不捨恩愛著，　普自將護身，　如人奉敬親。
若離於情欲，　如月蝕光伏，　知身如沙城，　不復計吾我。

其修行者見三界空，不復願樂有所向生。何謂無願而向脫門？所有境界婬、怒、癡垢，假使起者制而不隨，是謂無願而向脫門。無想如是，已了是者，謂三脫門。其修行者所以專精，唯欲解空。於是頌曰：

三界不見我，　所覩皆為空，　安能復求生，　一切不退還。
設心常思念，　無想無願空，　如在戰鬥中，　降伏除怨賊。
觀五陰本無，　依倚在人身，　過去及當來，　現在亦如是。

積聚勤苦身，一切悉敗壞，明者觀五陰，如水之泡沫。
若得無想願，觀三界皆空，致三脫安隱，悉度眾苦惱。
見吉祥不遠，如掌中觀文，是謂為沙門，無有終始患。
省察覺佛諸經法，為求解脫永安隱，義深廣演說總哀，令行者解多講空。

修行道地經卷第四

修行道地經卷第五

西晉三藏竺法護譯

神足品第二十二

其心清淨如流泉，與比丘俱猶德華，免苦慧安若涼風，長養佛樹願稽首。
應時得寂定，　如山不可動，　明觀等如稱，　除瑕令無穢。
以經義寂觀，　照曜現世間，　斂心自歸命，　稽首三界尊。

其修行者，或先得寂而後入觀，或先得觀然後入寂；習行寂寞適至於觀便得解脫，設先入觀若至寂寞亦得解脫。何謂為寂？其心正住，不動不亂而不放逸，是為寂相；尋因其行心觀正法，省察所作而見本無，因其形相是謂為觀。譬如賣金，有人買者，見金已後不言好醜，是謂為寂；見金分別知出某國銀銅雜者，識其真偽紫磨黃金，是謂為觀。如人刈草，左手獲草，右手鎌刈，其寂然者如手捉草，其法觀者如鎌截之。於是頌曰：

其心無瑕穢，　不動名曰寂，　若心遍省者，　斯號謂法觀。
手捉草應寂，　鎌截之為觀，　以是故寂然，　微妙得解脫。

其修行者，觀人身骸在前在後等而無異，開目閉目觀之同等，是謂為寂；尋便思惟，頭頸異處手足各別，骨節支解各散一處，是謂為觀。此骨鎖身因四事長，飲食、愛欲、睡眠、罪福之所緣生，皆歸無常、苦、空、非身，不淨朽積悉無所有，是謂為觀。取要言之，見而不察是謂為寂，分別其無是謂為觀。於是頌曰：

見諸骨鎖不察省，心不濁亂是謂寂，分別其體頭手足，發意欲省是謂觀。

其修行者，何因專精求入寂然？無數方便而逮於寂，今取要言而解說之。因二事致：一、惡露觀；二曰、數息，守出入息。何謂為不淨觀？初當發心慈念一切皆令安隱，發是心已，便到塚間坐觀死人，計從一日乃至七日，或身膖脹其色青黑，爛壞臭處為蟲見食，無復肌肉膿血見洿，視其骨節筋所纏裹，白骨星散甚為可惡，或見久遠若干歲骨，微碎在地色如縹碧；存心熟思，隨其所觀行步進止，臥起經行懷之不忘，若詣閑居寂無人處，結跏趺坐，省彼塚間所見屍形，一心思惟。於是頌曰：

欲省惡露至塚間，往到塚間觀死屍，在於空寂無人聲，自觀其身如彼屍。

其修行者，設忘此觀復往重視，還就本坐作無常觀，出入進止未曾捨懷，夙夜不懈一月一秋，復過是數專精不廢，經行、坐起、寢覺、住止、若獨、若衆常不離心，疾病強健當以著志，不但以此無常、苦、空、非身為定也，所觀如諦不從虛妄。於是頌曰：

察因緣觀若忘者，重到塚間觀視之，不但專觀無常苦，不轉其心省如見。

如在塚間所見屍形，一心思念初不忘捨，觀身亦然；觀死人形及吾軀體等無差特，若見他人男女大小，端正好醜裸形衣被，莊校瓔珞若無嚴飾，一心察之死屍無異，用不淨觀得至為寂。爾時，修行常察惡露，譬如衆流悉歸于海。於是頌曰：

我身死屍及大小，見其惡露等無異，心常專精未曾捨，譬如衆流入巨海。

爾時，修行心自念言：「已是自在，心不違我，不復為惑。」即時歡喜以能甘樂致於奇特，豎立秉志不復隨欲。若見女人，謂是骨鎖非為好顏，察知審諦本所習欲以為瑕穢，離於情色不造衆惡，是第一禪。棄捐五蓋具足五德，離諸思想，遠衆欲惡不善之法，其心專念靜然一定，而歡喜安行第一禪，是謂為寂淡然之法。求之若此因惡露觀。於是頌曰：

志自在如弓，心心相牽挽，觀女人皮骨，制意不隨欲。
離瑕心清淨，身脫於衆惡，在世得自在，歡喜得禪定。

是第一禪續在穿漏諸漏未盡，如是行者住第一禪故為凡夫；計佛弟子故立在外，未盡應入室；如外仙人遠離於欲終始不斷，非佛弟子。修行如是，求第一禪甚亦難致，其餘三禪稍前轉易，譬如學射，遙立大准，習久乃中，習不休息工則析毛；初學一禪精勤乃致，其餘三禪學之則易。於是頌曰：

其學第一禪，　精勤甚難致，　其餘三禪者，　方便遂易坐。
譬如學射法，　初始甚難中，　已能中大准，　閉目破一毛。
若第一禪寂然致，故是凡夫當訶教，非佛弟子在界外，已離愛欲似仙人。

其修行者，已得自在順成四禪，欲得神足，觀悉見空，省諸節解，眼、耳、鼻、口、項、頸、脇、脊、手、足、胸、腹及諸毛孔若如虛空。作是觀已自見其身，解解連綴如蓮花本，猶根諸孔觀如虛空，然後見身譬如革囊；漸察如是，便離形想唯有空想；已得空想無復色想，或習空想續見其體，但無所著也。欲覩身者則自見之，欲不覩者則亦不見；欲覩虛空則而見之，欲不覩者則亦不見。體心俱等，意在其內如乳水合，心不離身身不離心，堅固其志，以心舉身令去其座，專心在空如人持稱，令稱鎚等，正安銖兩，斤平已後手舉懸稱。修行如是，自擎其形專心念空。於是頌曰：

其有修行者，　神足飛如天，　觀身諸骨節，　毛孔皆為空。
已離不計吾，　專念想樂空，　如大稱量物，　舉身亦如是。

其修行者，習行如是便得成就，初舉身時去地如蟣，轉如胡麻，稍如大豆，遂復如棗。習舉如此至于梵天，乃到淨居諸天之宮，通徹須彌無所拘礙；入地無間出而無孔，遊於空中坐臥行住，身上出火身下出水，身上出水身下出火；從諸毛孔現若干光，五色之耀如日明照；能變一身以為無數，化作牛馬、龍象、騾驢、駱駝、虎狼、師子無所不現；發意之頃，普遊佛界旋則尋逮，是神足界通達之變。是神足者因四禪致，其四禪者因不淨觀、數息致之，是故修行當念惡露、數息思定。於是頌曰：

因習學輕舉，如風無罣礙，身踊至梵天，悉觀諸天宮。
飛行在虛空，如雲無禁制，入地如入水，在空如處地。
從身自出火，若如日光明，身下雨其水，如月降霜露。
專精得神足，自在無所礙，欲得捫梵天，自恣何況餘！
欲至他方界，輕舉即能到，釋擲金剛疾，往返亦如是。
自在而變化，能見無數形，如釋娛樂幻，樂神足亦然。

遊于佛經甘露池，亦如大象入華泉，總說其義如本教，故歎詠是致神足。

修行道地經數息品第二十三

其威神耀如日光，德炎巍巍過天帝，顏色端正如月滿，消除衆冥滅諸垢。
口說法言如甘露，出語姝妙歎十善，篤信合俱歸最尊，願稽首佛無等倫。
觀採諸經如入海，以獲禪定無穿漏，敢可計數佛弟子，是故稽首最勝安。

其修行者自惟念言：「何謂無漏至第一禪？何謂名之世尊弟子？若修行者在禪穿漏，當發是心：我得一禪故為穿漏，以穿漏行第一之禪得生梵天；在上福薄，命若盡者當墮地獄、餓鬼、畜生及在人間；計此之輩雖在梵天，諦視比丘不免惡道、凡夫之類也。所以者何？未解脫故。」於是頌曰：

設使始學得漏禪，其修行穿如漏器，雖生梵天當復還，如雨絲衣其色變。

譬如國王，有一大臣而犯重事，先考治之五毒並至，卻乃著械閉在深獄，令衣弊衣給以麁食，草蓐為床，莫令家人得入相見，使房近廁臭穢之處。吏受教已，即承王命考治如法，其人往時有小功夫施恩於王，王思念之，遣告獄吏放出其人，恣之四月自在娛樂，與眷屬俱而相勞賀，竟四月已還著獄中。於是頌曰：

譬如有臣犯王法，王念故恩使出獄，恣意所欲相娛樂，然後還閉著獄中。

獄吏受教如王勑告，其人得脫沐浴服飾，與諸群從俱出遊觀，五欲自恣，雖相娛樂心退念之：「今與群從五欲自恣，云何捨是當還就獄？」三時歎息：「當復考治著於弊衣，麁食臥草與小人俱共止一處，何一痛哉！當為蚤、蝨、蚊、虻見食，在中可惡，夏則盛熱，冬則慘寒，鼠夜鳴走冥冥如漆，垢穢不淨流血覆地，頭髮遼亂考治百千，或有劓耳而截鼻者，或斷手足穢濁不淨，若在塚間惱不可言，當與此輩瑕穢俱處。於是頌曰：

竟夏四月其臣念，與親愛俱而歡樂，夏當還獄諸考治，遭厄之惱不可量。

「當復更見諸罪繫囚，其犯禍者作事不道，而婬、盜、竊、劫人男女，焚燒人家及諸穀積，以毒害人喜行輕慢，或殺男女及為屠牛，掠諸丘聚、縣邑、城郭，念國家惡。當復見此五毒搒笞，手腳耳鼻為血所塗，或見斫頭，瘡痍裂壞膿血漏出；或被重考身體腫起，無數之蠅皆來著身，在地臥極若如鴻鵠；或新入獄，面目手足悉爛傷腫，煌煌燋悸愁不可言，住不敢動；或羸瘦而骨立，顏色醜陋譬如餓鬼；或久在獄，以氣肥腫頭亂爪長；或有在中日日望出；或有自念：『我在獄中無有出期，不復悒悒。』其新來者或見絞殺、或考、或擊，或口受辭、或以結形，或與死人同一床褥，或牽出之臥著溷上，或行道地不大見考。於是頌曰：

惡人甚衆多，　瑕穢可憎惡，　與愚而俱止，　譬如與屠膾。
啼呻哭淚下，　苦如鬼同家，　是大臣愁憂，　何忍重入獄。

「此諸罪囚在刑獄中，各各談說國王盜賊；或說穀米飲食之屬，華香伎樂男女之事；或說山海行故之事；或說他樂摶掩之事；或嗟歎王所積之行；或說王惡治國不政，賊來攻伐如是失國；或言王崩當有新立，而出大赦；夫人懷軀如是在產，獄囚得脫；若城失火多所焚燒，獄門得開我等則脫；或共議言，若見瑞怪鳥鵲來鳴；倚獄門、住獄戶，作聲夢見上堂及上高山又入龍宮，墮蓮花池乘舟渡海，自觀不久免一切苦。」於是頌曰：

諸犯王法者，　談語自勸勉，　聚會心歡喜，　希望得解脫。
如群牛投谷，　墮厄井如是，　時大臣思此，　無福人甚愁。

時臣思念：「我當云何而復聞此盜賊言談？或有相教：『若獄吏問當作是答，極重考治不過二七日，體轉狎習不復大患，假使取身段段解之，刀在頂上，勿妄出言我犯斯過，莫說其處藏匿之家，勿牽引人某是伴黨，或誘問者復莫信之。獄卒恐汝慎無為伏，若見考治勿得驚懅。』於是頌曰：

展轉相勸勉，　教人下辭法，　思念獄吏門，　以何答其言。
大臣眷屬俱，　復念獄衆苦，　習於諸五欲，　而心懷憂惱。

「獄囚相謂：『卿等不見，人捨父母、兄弟、親屬，不惜身命遠其本國，行於荊棘、竹木、叢樹、坵荒、嶮難，不顧其身入海求財。吾等不歷勤勞之苦而致寶物，以是之故當忍考掠，令不失財使他人得。』」於是頌曰：

賊劫他人財，　所獲非己有，　念當不惜命，　失財更遭厄。

臣自念言：「吾何忍見獄卒住前叫嚾呼之？而自說言：『我以織女三星陂蘭

宿生屬地獄王，二十九日夜中半生。卿不聞吾初墮地時，國有衆患擾動不安，興諸怪變，空有崩音地為震動，東西望赤四方忽冥，鵰鷲、烏鵲、狐狼、野獸、鵄梟在塚間生噉人肉，鬼神、諸魅、鳩桓、溷鬼、反足、女神悉共欣悅：「此獄卒生正為我等。假使長大多害男女從在獄塚間，我等當得死人血肉及脂髓腦以為食飲，以是之故吾等護子令壽命長。」我初生時以有此救故不畏人。』於是頌曰：

無有慈哀言剛急，其人無故懷怨結，念獄卒言臣意悲，雖快娛樂憂此惱。

「獄卒說言：『吾有便手無所不摶，無有比倫安有勝乎？吾身前後以此便手殺無央數男子、女人，又斷手、足、耳、鼻及頭，以手挑眼不用刀刃；住立諸囚擎博攊握，䖍㹁懸頭，竹篾勉窟，在於榜床五毒治之，布纏其指油塗火燒，膏灌髮上放火然之，草纏其身以火焚之，臠臠割體問其辭對，決口截唇剝其面皮，口嚼其指譬如噉菜，若鞭榜人竹杖革鞭，獄卒喜踊以針刺指，繩絞脇腹纏頭木梢。』於是頌曰：

臣不念樂恐還獄，如是考治甚可畏，獄卒數來說刑罪，有此憂者不為安。

「獄卒又言：『我無憎愛，不喜遊觀聽歌音聲。設有死罪榜鼓兵圍詣於都市，吾悉斬頭。雖有勇猛軍陣督將豪貴高尊，畏我便手猶碎象牙；剛強逆賊、輕慢善人，我皆絞頸。父母、兄弟、親屬涕泣求哀一時，吾不聽之；又一子父嚾呼跳踉乃如虎鳴，吾折伏之令無有聲。』於是頌曰：

臣與群從相娛樂，思念獄卒說罪刑，譬如人飲淳清酒，或有醉喧又歡喜。

「獄卒又言：『吾有惡氣，眼中毒出張目視人，胸裂頭劈譬如冰裂，男女見我莫不懷懅，雖有人形作鬼魅行。』在於獄戶說是已竟，便即還去。甫當更是衆惱之患，雖在宮殿五欲自娛，安以為樂？於是頌曰：

如是之苦惱，　不淨瑕穢困，　誰當以歡欣，　安隱無憂患？

如罪囚臨死，　求花戴著頭，　從王得假然，　當復還受榜。

其修行者自惟念言：「從梵天還當歸惡道，在胞胎中，處熟藏上生藏之下，垢污不淨五繫所縛。」於是頌曰：

修行得漏禪，　獲此適中半，　則生在梵天，　不能久常安。

心中念如是，　命盡歸惡道，　如人假出獄，　限竟還受考。

譬如小兒捕得一雀執持令惱，以長縷繫足放之飛去，自以為脫不復遭厄，欲詣果樹清涼池水，飲食自恣安隱無憂，縷遂竟盡牽之復還，續見捉惱如本無異。修行如是，自惟念言：「雖至梵天當還欲界，勤苦如是。」於是頌曰：

譬如有雀繩繫足，適飛縷盡牽復還，修行如是上梵天，續還欲界不離苦。

修行自念：「我身假使得無漏禪，爾乃脫於勤苦畏道，號曰佛子。所在飲食不為癡妄，以脫猶豫在于正道，得第一禪，徑可依怙入止見諦。」於是頌曰：

已得第一禪，　無垢廣在行，　猶終始難脫，　當精進得道。

修行自念：「觀眾善惡乃致一禪，本從骨鎖而獲之耳！其形無常、苦、空、非身，因四事生。」於是頌曰：

其第一禪因身致，解四大成一心行，無常苦空脫吾我，觀如是者常精進。

修行思惟所用察心，其心之本亦復非常、苦、空、非身，以四事成，皆從因緣轉相牽引，而由禍福心想依之；形歸無常、苦、空、非我，從四事成，如我受斯五陰之體空無所有，十二因連，去、來、今者亦復如是。欲界諸陰，色界、無色之界陰想若斯，悉為羸弱，見三界空，其根本深及邪無正，震動然熾。覩無陰者皆為寂然，志在恬怕趣於無為，無他之念逮於泥洹。爾時，心行和順不剛修行，於是以見審諦便成阿那含，不復動還，究竟解脫欲界之苦。於是頌曰：

其心思想悉和順，志所依倚因厥身，了五陰本去來今，皆見空無謂聖賢。

修行自念：「我身長夜為五陰蓋，臭處、不淨所見侵欺。譬如搏掩兇逆之子，取瓶畫之，中盛不淨封結其口，以花散上，以香熏之，與田家子：『汝持此瓶至某園觀，中盛石蜜及好美酒，住待吾等，我各歸家辦作供具相從飲食，堅持莫失，顧卿勞價。』田家子信，抱瓶歡喜，心自念言：『今當自恣飲食娛樂。』至其園觀不得令蠅而住其上，遂待經時過日中後，腹中飢渴怪之不來，憂慼難言。日欲向暮，上樹四望不見來者，下樹復持，須留衆人遂至黃昏，心自念言：『度城門閉，衆人不來，今此石蜜美酒畫瓶已屬我矣。當以賣之可自致富，先應嘗視。』便淨澡手開發瓶口，則見瓶中皆盛不淨，爾乃知之：『諸博掩子定侵欺我。

』修行如是，已覩聖諦乃自曉了，從久遠來為是五陰所侵欺。」於是頌曰：

先死載衆身，　五陰所侵期，　常更歷苦樂，　謂有我人壽。
修行五樂欺，　然後自見侵，　如人得畫瓶，　發之知不淨。

譬如導師有饒財寶，為子迎婦，端正姝好無有不可，甚重愛敬不失其意，須臾相離自謂如終。爾時國中道路斷絕，計十二年無有來者，後多賈客從遠方至，住在比國休息未前，道師語子：「卿往詣彼市買來還。」子聞父教，愁憂不樂如箭射心，語親友言：「卿不知我親愛于妻，今父告我遠離捨之，當行賈作。適聞是命我心僅裂，今吾當死自投於水，若上高山自投深谷。」於是頌曰：

年少親敬婦，　愛欲甚熾盛，　思父之教命，　志懷大憂慼。
心惱而欲死，　云何離愛妻？　其子意甚痛，　如捕山象靬。

親友聞言即報之曰：「所以生子典知家門，四向求財以供父母，假使不勞以何生活？設在天上尚不得安，況於人間耶！」既聞父命，得衆人諫，即悲淚出兩手椎胸，便嚴發行。於是頌曰：

親友知識悉共諫，則受父教莊嚴行，為欲所傷如被箭，心懷思婦甚恨恨。心常念婦未曾離懷，往至買裝即尋還國，行道歡喜：「今當見之，如是不久也。」朝暮思婦，適到家已，問婦所在？於是頌曰：

買作治生行往返，心常懷念所重妻，已到家中先問之，吾婦今者為所在？

其婦念夫心懷愁憂，宿命薄祐，稍得困疾命在呼吸，而體即生若干種瘡，膿血流出，得寒熱病復得癲疾，水腹乾竭、上氣體熱、面手足腫，無央數蠅皆著其身，披髮羸瘦譬如餓鬼，臥在草蓐衣被弊壞。於是頌曰：

其夫一心獨所愛，宿命之殃而薄祐，得無數疾臥著床，離於好座而在地。

於是夫入家問人吾婦所在，婢既慚愧淚出悲泣而報之曰：「唯賢郎婦在某閣上。」尋自上閣見之，色變未曾有也！此顏醜惡不可目覩，諸所愛欲恩情之意永盡無餘，無絲髮之樂，悉更患厭不欲復見。於是頌曰：

觀察顏色不貪樂，譬如屍死捐塚間，羸瘦骨立無肌肉，如水沒沙失色然。

其修行者亦復如是，患厭愛欲，發污露觀，求致寂然。於是頌曰：

其修行者已離欲，厭於五樂亦如是，如人見婦病衆瘡，無央數疾臥著床。

何謂修行數息，守意求於寂然？今當解說數息之法。何謂數息？何謂為安？何謂為般？出息為安，入息為般；隨息出入而無他念，是謂數息出入。何謂修行數息，守意能致寂然？數息守意有四事行，無二瑕穢，十六特勝。於是頌曰：

其修行者欲求寂，當知安般出入息，無有二瑕曉四事，當有奇特十六變。

何謂四事？一謂、數息，二謂、相隨，三謂、止觀，四謂、還淨。於是頌曰：

當以數息及相隨，則觀世間諸萬物，還淨之行制其心，以四事宜而定意。

何謂二瑕？數息或長或短是為二瑕，捐是二事。於是頌曰：

數息設長短，　顛倒無次第，　是安般守意，　棄捐無二瑕。

何謂十六特勝？數息長則知，息短亦知，息動身則知，息和釋即知，遭喜悅則知，遇安則知，心所趣即知，心柔順則知，心所覺即知，心歡喜則知，心伏即知，心解脫即知，見無常則知，若無欲則知，觀寂然即知，見道趣即知。是為數息十六特勝。於是頌曰：

別知數息之長短，能了喘息動身時，和解其行而定體，歡悅如是所更樂。

曉安則為六，　志行號曰七，　而令心和解，　身行名曰八。
其意所覺了，　因是得歡喜，　制伏心令定，　自在令順行。
無常諸欲滅，　當觀此三事，　知行之所趣，　是十六特勝。

何謂數息？若修行者坐於閑居無人之處，秉志不亂數出入息，而使至十，從一至二，設心亂者當復更數一、二至九，設心亂者當復更數，是謂數息。行者如是晝夜習數息，一月一年至得十息心不中亂。於是頌曰：

自在不動譬如山，數出入息令至十，晝夜月歲不懈止，修行如是守數息。

數息已定當行相隨，譬如有人前行，有從如影隨行；修行如是，隨息出入無他之念。於是頌曰：

數息意定而自由，數息出入為修行，其心相隨而不亂，數息伏心謂相隨。

其修行者已得相隨。爾時，當觀如牧牛者住在一面遙視牛食；行者若茲，從初數息至後究竟悉當觀察。於是頌曰：

如牧牛者遙往察，群在澤上而護視，持御數息亦如是，守意若彼是謂觀。

其修行者已成於觀，當復還淨，如守門者坐於門上，觀出入人皆識知之；行者如是係心鼻頭，當觀數息知其出入。於是頌曰：

譬如守門者，坐觀出入人，在一處不動，皆察知人數。
當一心數息，觀其出入意，修行亦如是，數息立還淨。

何謂數長？適未有息而預數之，息未至鼻而數言二，是為數長。於是頌曰：

尚未有所應，而數出入息，數一以為二，如是不成數。

何謂數短？二息為一。於是頌曰：

其息以至鼻，再還至於臍，以二息為一，是則為失數。

何謂數息而知長？其修行者從初數息、隨息遲疾而觀察之，視忖其趣，知出入息限度，知之是為息長，數息短者亦復如是。於是頌曰：

數息長則知，息還亦如是，省察設若此，是謂息長短。

何謂數息動身則知？悉觀身中諸所喘息。入息亦如是。

何謂數息身和釋即知？初起息時，若身懈惰而有睡蓋，軀體沈重則除棄之，一心數息，數息還入亦復如是。

何謂數息遭喜即知？若數息時歡喜所至。息入如是。

何謂數息遇安即知？初數息時則得安隱。息入如是。

何謂數息心所趣即知？起數息想，觀諸想念。息入如是。

何謂心柔順數息即知？始起息想，分別相念而順數息。息入亦爾。

何謂心所覺了數息即知？初起息想，識知諸觀而數息。息入如是。

何謂數息歡悅即知？始數息時，若心不樂，勸勉令喜以順出息。入息如是。

何謂心伏出息即知？心設不定，強伏令寂而以數息。入息如是。

何謂心解脫即知？若使出息竟不旨解，化伏令度而數出息。入息如是。

何謂數息見無常即知？見諸喘息皆無有常是為出息。入息如是。

何謂出息無欲即知？見息起滅如是離欲，是為觀離欲出息即知。入息如是。

何謂觀寂滅數息即知？其息出時觀見滅盡，是為觀寂出息即知。入息如是。

何謂見趣道數息即自知？見息出滅處，覩是以後心即離塵，以離無欲棄於三處志即解脫，將護此意是為數息。出息入息如是，為十六將勝之說。

行者所以觀出入息，用求寂故令心定住，從其寂然而獲二事：一者、凡夫，二者、佛弟子。

何謂凡夫而求寂然？欲令心止住除五陰蓋。何故欲除諸蓋之患？欲獲第一禪定故。何故欲求第一之禪？欲得五通。

何謂佛弟子欲求寂然？所以求者欲得溫和。何故求溫和？欲致頂法；見五陰空悉皆非我所，是謂頂法。何故求頂法？以見四諦順向法忍。何故順求法忍？欲得世間最上之法。何故求世最上之法？欲知諸法悉皆為苦，因得分別三十七道品之法。何故欲知諸法之苦？欲得第八之處。何以故？志第八之地，其人欲致道跡之故。

何謂凡夫數息因緣得至寂然？心在數息，一意不亂無有他念，因是之故，從其數息得至寂然，從其方便諸五陰蓋皆為消除。爾時其息設使出入，常與心俱緣其想念：，入息如是。若出入息觀察所趣是謂為行，心中歡喜是謂忻悅，其可意者是謂為安，心尊第一而得自在是為定意，始除五蓋心中順解從是離著。何謂離著？遠於衆想愛欲不善之法行也。如是念想歡喜安隱，心得一定除斷五品，具足五品因其數息，緣致五德得第一禪。已得第一禪習行不捨，一禪適安堅固不動，欲求神通志于神足，天眼洞視、天耳徹聽、知從來生、知他心念恣意自在。譬如金師，以紫磨金自在所作瓔珞、指環、臂釧、步瑤之屬，如意皆成：，已得四禪自在如是，此為五通。

何謂佛弟子數出入息而得寂然？其修行者坐於寂靜無人之處，斂心不散，閉口專精觀出入息，息從鼻還轉至咽喉，遂到臍中，從臍還鼻。當省察之出息有異，入息不同，令意隨息順而出入，使心不亂，因是數息志定獲寂。於是中間永無他想，唯念佛、法、聖衆之德，苦、習、盡、道四諦之義，便獲欣悅，是謂溫和。如人吹火熱來向面，火不著面但熱氣耳，其火之熱不可吹作，當作是知溫和如斯。

何謂溫暖法？未具足善本，凡有九事：有微柔和、下柔和、勝柔和、有中、有中中、有勝中，有上柔和、有中上、有上上柔和。知彼微柔和、下柔和，是謂溫和之善本也。其中下、中中、中上是謂法頂之善本也。其下上、中上、上上柔和是謂為諦柔和法忍。上中之上是謂俗間之尊法也。是九事善本之義，故是俗事諸漏未盡。修行若得溫和之行執數息想，因此專念息：若還者意隨其息，無他之念；若息出者知息往反，心入佛、法及在聖衆，苦、習、盡、道如在溫和。

其心轉勝是謂頂法。若如有人住高山上觀察四方，或上山者或有下者，或入聖道或入凡夫地。其修行者已得頂法，入凡夫地甚可憂之。譬如山水流行瀑疾起曲橫波，有人欲渡，入水而泅欲至彼岸，迴波制還令在中流，既疲且極遂沈波水沒在其底；其人心念定死不疑，岸邊住人代之憂慼。修行如是，已得明師，夙夜覺悟結跏趺坐，麁衣惡食坐於草蓐，困苦其身；作行如是反為生死流波所制，投于恩情不能專一，沒於終始衆想流池，安得道明？是故行者當代憂愁。

譬如導師多齎財寶，歷度曠野嶮厄之路，臨欲到家卒遇惡賊失財物，衆人悒悒也。當為修行懷憂如是。譬如田家耕種五穀，子實茂盛臨當刈頃，卒有雹霜傷殺穀實，唯有遺草其人憂愁；修行如是，已得頂法，入凡夫地當為悒悒。

得頂法已而復墮落，或遇惡友念於愛欲，不淨為淨、淨為不淨，喜遠遊行不得專精，或遇長疾或遇穀貴，飢匱困厄不繼糊口，或念家事、父母、兄弟、妻息、親屬，或坐不處憒鬧之中。已得頂法未成道果，衰老將至心遂迷惑，忽得困病命垂向盡，曾所篤信佛、法、聖衆、苦、習、盡、道永不復信；當習于定而反捨之，當觀不觀精進更懈，本所思法永不復起，以是之故從其頂法而退墮落。

何謂頂法而不退還？如曾所信日信增益，如本定心遂令不動，所觀弗失，常察精進轉增于前，所思念法專精不捨，以是之故不退頂法。

修行如是，因其專精而心想一，各各思惟究竟之法，初未曾動不念新故，如是即知出息有異、入息不同；出入息異令其心生，見知如此無所畏想，是謂為中中之上而得法忍。心無所想而作是觀，前意、後意未曾錯亂，分別察心云何往反？是謂上中之下柔順法忍。設使其心，愛於專思志不移亂，是謂上中柔順之法。

其忍何所趣順？趣順四諦如審諦住，心以如是遂至清淨，是謂為信；雖爾獲此未成信根。以得是信身口心強，是謂精進；尚未能成精進之根。志向諸法，是謂有心；未成念根。以心一志，是謂定意；未成定根。其觀諸法分別厥義，是謂智慧；未成慧根。計是五法向于諸根，未成道根；有念有想尚有所在，而見有適未成定意。是謂上中之上世俗尊法。

其修行者，當知了之色起滅處痛痒、法意。觀起滅本，察其因緣過去、當來；行無願定，隨入脫門察生死苦；計斯五陰即是憂患，無有狐疑，爾時則獲解苦法忍。

已見苦本便見慧眼，除于十結。何謂為十：一曰、貪身，二曰、見神，三曰、邪見，四曰、猶豫，五曰、失戒，六曰、狐疑，七曰、愛欲，八曰、瞋恚，九曰、貢高，十曰、愚癡。棄是十結已獲此心，則向無漏入於正見，度凡夫地住于聖道，不犯地獄、畜生、餓鬼之罪，終不橫死，會成道跡，無願三昧而行正受。

已向脫門，未起惡法則不復生，諸惡自盡；未起法念當使興發，所興善法令具足成。心已如足隨其所欲，是謂自恣。令志專一，是謂自在定意。從是次第信、念、精進、觀察、護命，是謂為信。思惟其行，是謂自恣三昧；專精于道而獲神足，假使修行身、口、心強，是謂精進定意之法。志專心識，是謂意定。欲入道義，是謂察誠定意。以是之緣致四神足。

已獲神足是謂信根，身心堅固謂精進根，所可思法是為意根，其心專一是謂定根，能分別法而知所趣是謂智慧根，以是之故具足五根。

其信溫和是謂信力，精進力、意力、寂意力、智慧力亦復如是。

成就五力能及諸法，則心覺意；分別諸法，是謂精求諸法覺意；身心堅固，是謂精進覺意；心懷喜踊得如所欲，是謂忻悅覺意；身意相依，信柔不亂，是謂信覺意；其心一寂，是謂定覺意；其心見滅婬、怒、癡垢，所志如願，是護覺意。以是之故七覺意成。

設使別觀諸法之義，是謂正見；諸所思惟無邪之願，是為正念；身意堅固，是為正方便；心向經義，是為正意；其心專一，是為正定；身意造業是三悉淨，爾乃得成八正道行。此八正道中，正見、正念、正方便，計是三事屬觀；其正意、正定是二事則屬寂然。是觀、寂二，如兩馬駕一車乘行。

若無漏心不專一法，遍入三十七品之法，以是具足此三十七法，便解知苦；如是之比，即得第二無漏之心。

爾時，思惟：「如今欲界五陰有苦，色界、無色界同然無異。」是謂知苦隨忍之慧則成就，建第三無漏之心。

已得是行，用見苦故，除十八結已，過色界超無色界，順宜慧者即得第四無漏之心。

已獲四無漏心，便度三界勤苦之瑕，即自了之：「吾已度患無有衆惱，為得度苦。」則自思惟：「苦本何由？恩愛之本而生著網，從久已來習此恩愛遭患于今，永拔愛根則無衆惱。已難恩愛欣樂可意，何從而有？」是謂解習斷除法忍，是為第五無漏之心。

除於欲界諸所習著，則捐七結，便為知拔欲界諸患，是謂第六無漏之心。

修行自念：「色界之本，本從何興？」諦觀其元，從欲而起，樂出恩愛可意而悅，是為第七無漏之心。

以有此行度於色界，其無色界十二諸結心隨習慧，是為第八無漏之心。是謂八義佛之初子。

爾時心念：「吾見三界以除苦、習，於欲無愛是謂安隱。」則樂寂滅可意甘之，是為滅盡法慧之忍，斯為第九無漏之心。

已獲此義見本滅盡，於欲界除七結之縛，是為第十無漏之心。

則自念言：「若不著色及無色界，此謂為寂」是為第十一無漏之心。

則除十二諸結之疑，已度此患即得滅盡之慧，是為第十二無漏之心。

爾時自念：「得未曾有！如佛世尊解法乃爾，因斯道義知欲界苦，則棄捐之。」知從習生則離於習，得至盡滅，因此得入法慧道忍，是為第十三無漏之心。

爾時，以道觀於欲界則棄八結，去是然後會當獲此興隆法慧，是為第十四無漏之心。

應時心念得未曾有，以是道行解於色界、無色之苦，而除諸習證於盡滅，是為第十五無漏之心。

道從其志除十二結，於色、無色界除是結已，則興道慧，是為第十六無漏之心。

應時除盡八十八諸結，當去十想結。所以者何？如從江河取一渧之水，究竟道義如江河水，其餘未除如一渧水，即成道跡會至聖賢。七反生天、七反人間，永盡苦本。其修行者，以是之比拔衆惱根，斷生死流，心則欣悅；已度三塗不犯五逆，離於異道遇其所知，不從外道悕望榮冀，衆祐之德不更終始，七反之患未曾犯戒，見無數明晝夜歡喜。譬如有人避飢饉地至豐賤國，脫嶮得安，繫獄得出，如病除愈心懷喜踊。修行如是，因安般守意則得寂滅，欲求寂然習行如是。於是頌曰：

覺了睡眠重懈怠，分別身中息出時，修行息入念還得，是謂身息成其行。

修行道地經卷第五

修行道地經卷第六

西晉三藏竺法護譯

觀品第二十四

眉間白毛相，　其明踰日光，　猶鵠飛空中，　遠近無不見。
其身如師子，　超越天帝象，　肩胸而廣姝，　願稽首佛尊。
臂肘平正而滿足，世尊之臍如水洄，髀膝蹲腸若金柱，當歸命佛而稽首。
其目長好如蓮華，體著毛髮猶孔雀，心常住止在寂然，我願歸命超衆仙。

其修行者，何謂為觀？若至閑居獨處樹下，察五陰本見如審諦，苦、空、無常、非身之定，色、痛、想、行、識身則本無，五十五事無可貪者亦無處所。於是頌曰：

以行忍辱得法觀，察五陰本所從典，覩見過去來現在，分別喻說五十五。

何謂五十五事？是身如聚沫不可手捉，是身如海不厭五欲，是身如江歸於淵海趣老病死，是身如糞明智所捐，是身如沙城疾就磨滅，是身如邊土多覩怨賊，是身如鬼國無有將護，是身如骨背肉塗血澆，是身如髓筋纏而立，是身如窮士淫怒癡處，是身如曠野愚者為惑，是身如嶮道常失善法，是身如塼冢百八愛所立，是身如裂器常而穿漏，是身如畫瓶中滿不淨，是身如溷九孔常流，是身如水瀆悉為瑕穢，是身如幻以惑愚人不識正諦，是身如蒜燒毒身心，是身如朽屋敗壞飲食，是身如大舍中多蟲種，是身如孔淨穢出入，是身如萎華疾至老耄，是身如露不得久立，是身如瘡不淨流出，是身如盲不見色本，是身如宅四百四病之所居止，是身如注漏諸瑕穢衆垢所趣，是身如篋毒蛇所處，是身如空拳以欺小兒，是身如冢人見恐畏，是身如蛇瞋火常燃，是身如癲國十八結所由，是身如故殿死魅所牽，是身如銅錢外現金塗皮革所裹，是身如空聚六情所居，是身如餓鬼常求飲食，是身如野象懷老病死，是身如死狗常覆蓋之，是身如敵心常懷怨，是身如芭蕉樹而不堅固，是身如破船六十二見為之所惑，是身如婬蕩舍不擇善惡，是身如朽閣傾壞善想，是身如喉痺穢濁在內，是身無益中外有患，是身如塚而無有主為婬怒癡所害，是身無救常遭危敗，是身無護衆病所趣，是身無歸死命所逼，是身如琴因絃有聲，是身如鼓皮木裹覆計之本空，是身如坏無有堅固，是身如灰城風雨所壞歸老病死。

以是五十五事觀身瑕穢，是身欺詐懷無反覆，不信親厚哀之反捨無有親踈；譬如夢、幻、影、嚮、野馬忽然化現；若如怨家常恭敬之，奉事供給而求可意，沐浴、櫛梳、飲食、衣被、安床、臥具隨所便宜，牽人向窮老病死患。於是頌曰：

常飲食此身，　五欲令自恣，　求安如親友，　諦省是怨仇。
無救無所護，　常懷無反復，　牽人至患害，　入生老病死。

人死已後皆當爛壞，犬獸所食，或有見燒枯骨散地。因無數法，當觀斯身，譬如癰瘡，若如箭鏃在體不拔，猶若死罪都市之處。察體衆惱生在終沒，有所貪著，名曰為色；觀身為軟，所遭安危，名曰痛痒；有所了知，名曰為想；心念為行；分別諸趣，名曰為識。於是頌曰：

計之眼色主所觀，是身獲致因本緣，柔軟之等以成行，以無色心察衆德。

譬如江河邊有潰池，衆象入中澡浴飲水，食噉池中青蓮芙蓉莖華，則復退還。其時跡現在於泥沙大小廣長，有射獵人、牧牛羊者擔薪負草，道路行者見其足跡言：大群象經過此地。雖不見象但覩其跡，則知群象經歷是間。無想之陰，痛痒、行、識所更為軟；想、行、識然。於是頌曰：

如江河邊地，沙中有行足，以見象遊跡，如有群象過。
如是計細滑，至于法識念，多所而照現，起滅之因緣。

如是無色衆想之念，皆依倚色，然後有色法；譬如兩束葦相倚立。於是頌曰：

無色多所倚，有色依無色，如枝著連樹，名色亦如是。

其無色法依有色分別，有色則亦無倚無色之著。如先有鼓然後出聲，聲之與鼓各異不同，鼓不在聲聲不在鼓；名色如是各異不合，轉相依倚乃有所成。其無色陰不得自在，非己力興。譬如二人，一人往盲，一人生跛，欲詣他國。盲者目冥永無所見，不知所趣；跛無兩足不能遊行。盲者謂跛：「吾目無見，有足能行，而目甚冥不識東西；卿又跛掘不能行來，既有眼明，見其進退，行步所趣。今我二人，轉共相依欲詣他國。」跛騎盲肩則而發去，非跛威力，非盲之德。色法如是，非獨能立；無色亦然，展轉相依。於是頌曰：

思惟諸法非獨成，其有色法無色然，在於世間轉相依，譬如盲跛相騎行。

其名色者轉相依倚，譬如鼓音，如弓絃箭，而相恃怙不合不別。萬物如是從因緣成，無有力勢不得自在，悉從緣起見，事乃興。修行若斯，而察法本如有起滅，本無所有忽自然現，則復滅沒；無生則生，無起則起，皆歸無常。於是頌曰：

五陰常屬空，依倚行羸弱，因緣而合成，展轉相恃怙。
起滅無有常，興衰如浮雲，身心想念法，如是悉則壞。

其修行者常以四事觀其無常：一曰、所生一切萬物皆歸無常，二曰、其所興者無有積聚，三曰、萬物滅盡亦不耗滅，四曰、人物悉歸敗壞亦不盡滅。以是之故，不生者生，不盡者盡。見諸萬物，當作是察起滅存亡，以斯觀者無所不知，悉能覩見靡所不了。於是頌曰：

人物雖有生，　不積聚不滅，　亦不捨衆形，　雖沒而不滅。
雖終相連續，　皆從四因緣，　觀萬物如是，　超越度終始。

假使修行專自思念：「東西南北所有萬物皆歸無常，擾動不安，適起便滅莫不趣空；始生已來無常之事，老病死患常逐隨身。」作是觀者，不著三處，不樂四生，無住五識。其心不入九神所居，設使更生則除三結：一曰、貪婬，二曰、犯戒，三曰、狐疑。則成道跡趣於無為，譬如流江會歸于海。於是頌曰：

觀萬物動起，　念之悉當過，　愛欲之所縛，　一切皆無常。
欲得度世者，　悉捨諸欲著，　是名曰道跡，　流下無為然。

其修行者所觀如是，自察其身則是毒蛇。假引譬言：「若城失火，中有富者為衆導師，見舍燒壞甚大愁憒，心自念言：『作何方計出中要物？』則退思之，吾有一篋中有衆寶，在某屋藏，好明月珠、上妙珍物而皆盛滿，價數無極，其餘無計。』心懷恐懼適欲前行，畏火見燒貪於寶物不顧身命，突前入火至寶藏篋，邊有蚖篋。爾時，導師既畏盛火烟熏其目，心中憒憒不自覺知，不諦省察，娛取蚖篋挾之走出，賊隨其後追欲奪之。適見賊追則而馳走，賊逐不置遙呰呼言：「如是及卿傷害殺汝，設使捨篋便有活望，假令不捨命在不測。」導師見賊逼之欲近，念失財寶又不濟命，則更思之：『我當解篋取中要者，以著懷中，置餘退去，爾乃安隱。』則開篋視唯見毒蛇，乃知非寶是蛇蚖耳。」修行如是，已逮道諦，見一切形皆猶毒蛇，以是之故得至于觀；欲求觀者當作是察。於是頌曰：

譬如熾火然，　人遽出要器，　反挾於蚖篋，　謂是珍寶物。
發篋見弊惡，　毒蚖盛滿中，　其時便即棄，　爾乃知非寶。
修行計如是，　諦觀計本無，　以解於四諦，　覩身如四蚖。
作是行諦觀，　常思念道德，　以逮得無為，　除苦乃獲安。
自度入脫門，　免他諸瑕穢，　是故分別說，　觀察無常法。

修行道地經學地品第二十五

勇猛於善力，　面光如金華，　神足超疾風，　自遊所至方。
身德成無極，　調順能忍辱，　佛樂戒定安，　衆歸願稽首。
行步痒序無冥塵，其德無底所願安，佛無等倫常無著，願歸命尊莫能喻。
佛執巧便法為弓，以此降伏邪怨敵，除盡塵勞衆瑕垢，願歸命佛一心禮。

其修行者已得道跡，見諸五樂皆歸無常，不能盡除。所以者何？用見色、聲、香、味、細滑之念。於是頌曰：

已得成就為道跡，思智慧解五樂無，覩愛欲界如怯馬，心不著色續未斷。

譬如梵志子淨潔自喜，詣於舍後卒污其指，行語金師：「指污不淨以火燒之！」金師諫曰：「勿發是心，有餘方便除此不淨，灰土拭之，以水洗之，設吾火燒卿不能忍，火之毒痛自觸其身更甚于前。」

梵志子聞即懷瞋恚，便罵金師：「莫以己心量度他人，自不能忍謂人不堪。

吾無所欲，用手有垢不敢行路，畏人觸我。吾儻近人，而身有學三經之本及知六藝，學於談語了知所應，能相萬物，分別其義次第章句；識於三光天文地理；學六十四相，知人祿命、貧富、貴賤、安處、田宅；曉百鳥之語，預知災變，覩彼他國多有怨賊欲危此土；當時日災，風雨失度有變星出，美人青絳，別于男女、牛馬、雞羊之相；預知五穀旱澇貴賤，識其星宿進止舉動，別其水旱衰耗多少，占有大水若所破壞；見日月蝕出入之變，若有懷軀別其男女；曉知軍法戰鬬之事，深知古今；覩了五星熒惑所處，十二之時晝夜百刻；能曉醫道，風寒、熱病、瘡痍，少小以何療之！知日月道所從由行，其色所變皆為何應！山崩、地動、星隕之怪，諸宿所屬而奉天神。古人學術皆能別之無不開通，占彗星出當計何瑞！曷因不淨著吾手指，勿得停久，當隨我言除其指穢也。」

金師聞之，燒鉗正赤以鑷彼指，年少得熱痛不能忍，掣指著口。金師大笑，謂年少言：「卿自稱譽聰明博學，採古知今無不開通，清淨無瑕，於今云何持不淨指含著口中？」

年少報曰：「不遭痛時見指不淨，適遇火毒即忘指穢。」

道跡如是，本長夜習在愛欲瑕，須臾之間離於情欲，適見好色婬意為動。所以者何？諸根小制未得盡定。於是頌曰：

已見色欲本所習，雖使解義至道跡，頭戴想華續聞香，如江詣海志欲然。

道跡自念：「我身不宜習于婬欲如餘凡夫。」說情欲穢樂於無欲，滅盡然熾，習汚露觀晝夜不捨。習如是者婬、怒、癡尠，得往來道，一返還世，斷勤苦原。已得往還，於諸愛欲無起清淨，婬怒癡薄，心尚未斷因有惱患。

譬如男子有婦端正面貌無瑕，以諸瓔珞莊嚴其身，夫甚愛敬，雖有是色，婬鬼非人也！唯人血肉以為飲食。有人語夫：「卿婦羅刹，肉血為食。」夫不信，人數數語之，夫心遂疑意欲試之。夜伴臥出鼾聲如眠，婦謂定寐，竊起出城詣於塚間，夫尋逐後，見婦脫衣及諸寶飾卻著一面，面色變惡口出長牙，頭上焰燒眼赤如火，甚為可畏，前近死人，手擱其肉口齧食之。夫見如是，爾乃知之非人是鬼，便還其家臥於床上，婦便尋還來趣夫床，復臥如故。其夫見婦莊嚴瓔珞面色端正，爾乃親近：假使念之在於塚間噉死人肉，心即穢厭；又懷恐怖，得往還道。若見外形端正殊好，婬意為動；設說惡露瑕穢不淨，婬意為滅。於是頌曰：

變化人身如脫鎧，作婬鬼形詣塚間，
便噉死屍如食飯，夫爾乃知是羅剎。

得往還道者，心自念言：「吾於欲界三結已薄，其餘尠耳！逮望聖諦見愛欲之瑕，多苦少安不宜習欲。如凡衆庶志在情欲，若如蒼蠅著於死屍。吾何方便除婬、怒、癡，令滅無餘得盡漏禪，然後安隱如淨居天？」於是頌曰：

已得於往還，　修行一反生，　則見欲不可，　習之未永斷。
婬欲火雖熾，　不能危其心，　以作惡露觀，　增欲如羅剎。

譬如有人在於盛暑不能堪熱，求扇自扇慕水洗浴。往來如是，見婬、怒、癡以為甚熱，念求不還道。於是頌曰：

成二吉祥道，　行未永除欲，　以得無漏禪，　行即梵天同。
其身諸有熱，　水冷以除之，　往求不還道，　獲此則清涼。

爾時，修行作惡露觀永脫色欲及諸怒癡，諦見五陰所從起滅，滅盡為定。知見如是，便斷五結而無陰蓋，得不還道。不退還世以脫愛欲，無有諸礙婬鬼之患。於是頌曰：

以脫愛欲疾病困，常惡露觀除諸患，永離恐畏遠苦安，成不還道等第三。

即獲清涼無有衆熱，若覩色欲常見不淨，則知瑕穢。譬如遠方有估客來，若當疲極；二十九日冥無月光夜半來到，城門復閉繞至南牆，下有汪水天雨之潦也。解裝住邊，死屍人形、雞狗、象畜、蛇蟲之屬悉在水中或沈或浮，百千萬蟲跳踔身中，髮毛浮出，城內掃除及漏穢水悉歸此汪。於是頌曰：

譬如城傍有大水，不可目察況飲者。遠方人來值門閉，衆共止住此池邊。

時衆人中或有遠客，初未曾至於此國土，不識是非，疲極既渴，脫衣入洗，恣意飲水飽滿臥出。於是頌曰：

其人初來詣此國，入於水浴除諸熱，祭祠水神飲解渴，甚大疲極因臥寐。

明日早起天向欲曉，疲解覺已，見於水中惡露不淨，或有捂走閉目不視，或自覆鼻又欲強吐，爾乃知水垢穢不淨。於是頌曰：

已得第三道，　見欲樂不安，　入禪定無患，　覩欲如瑕水。

爾時，修行樂於禪定省于愛欲，如彼估客惡不淨水。譬如嬰兒自取屎弄，年小長大捨前所戲，更樂餘事；年適向老悉捨諸樂，以法自樂。修行已得不還之道亦復如是，見諸生死五道所樂，猶小兒戲也，轉更精進欲脫終始，不樂求生。於是頌曰：

譬如有小兒，　在地弄不淨，　年遂向長大，　捨戲轉樂餘。
修行亦如是，　求獲度三界，　爾時遂精進，　具足成四道。

譬如遠國有衆估人，從東方來止城外園。時彼城中有一諂人多端無信，詐作飲食、華香、異服，往詣導師前問起居，多賀遠至，道路無他，飢渴日久，始乃奉面：「今與小食垂哀見受。」導師即納，又有更啟：「寧可入城，吾有大舍，中有好殿具足細滑，舍有井泉，溷廁別異，諸樹行列器物備有，願屈威光枉德入城。」說此欺竟，即捨之去。於是頌曰：

有人懷諂欺，　見遠衆估客，　奉迎供導師，　飲食後說曰：

吾身有一殿，　高大樂巍巍，　其人無誠信，　詐語便捨去。

爾時，城中有大長者悉聞彼人詐欺導師，即自出迎謂導師言：「莫信彼人居止其堂。穢濁澇水在其堂後，屎尿惡露普流趣前，以是之故不可止頓。」導師聞之答長者曰：「堂雖有臭可設方便，燒香散華以除其穢。」於是頌曰：

長者懷親念，　故往詣導師，　語之斯堂邊，　有臭穢不淨。
導師聞此言，　則反答之曰，　雖臭施方便，　燒香散衆花。

爾時，長者謂導師曰：「當復有難，諸弊惡蟲皆在其中，以肉血脈而為飲食，假使飢者穿卿囊裹齧壞裝物。」導師答曰：「吾當給之，隨其所食令不穿物。」於是頌曰：

多有弊蟲處在堂，須肉血脈而為食，我能供給隨所乏，導師以此答長者。

長者報導師：「其堂四角有四毒蚖，兇害喜諍不可近附，以何方便而安此蚖？」導師答曰：「吾能曉之，施藥神呪令無所犯。」於是頌曰：

有四毒蚖在其堂，弊惡懷害欲相危，以若干藥及神呪，能除毒蚖所懷結。

於是長者復謂導師：「又有大難，牆之故基如是當崩，壁垣傾危不可依怙。」導師答曰：「設有此難吾不能處，亦無方便令不崩危。所以者何？儻其危敗者，失命之難。」於是頌曰：

設堂久故欲崩壞，假使傾覆不可護，導師則報長者曰，有是恐懼吾不處。

彼時導師具聞說堂諸難之瑕，又自目覩，心即遠離不肯居之也。不還如是，聞世尊教審知聖諦，不樂生死終始之患。於是頌曰：

已得不還離衆苦，修行則求無量安，不慕生死如毛髮，譬如導師不處堂。

解喻：堂者，謂人身也。穢濁水者，謂九瘡孔常出不淨。蟲滿水者，謂身中八十種蟲，常食軀中肉血骨髓者也。平地治牆者，謂供養身給以飲食。其四甋者，謂身四大地、水、火、風。堂朽故危晝夜欲崩者，謂老病死。其修行者，晝夜方便欲免衆難。其導師者，謂不還道。

修行專精聽世尊教，覩於三界皆見熾然，目所察形悉歸無常不離朽敗，譬如導師見大堂危。於是頌曰：

蚖蛇而懷毒，弊惡叵觸近，各處在四角，謂人身四大。
朽敗欲傾危，謂身有增減，常遭衆苦惱，老病死窮道。
城中諛諂人，以喻漏禪智，其人入貪欲，恩愛之罣礙。
持禁戒長者，謂師無著哀，常救濟修行，使度衆苦難。
譬如大估客，中有導師者，佛子服甘露，以得無著道。
師為行者講，苦空非常身，諦觀於三界，擾動而不安。

當求一心至無學地，諦見無著。於是頌曰：

佛愍衆生演，能濟一切苦，吾察佛諸經，歎說無學地。

修行道地經無學地品第二十六

其王放醉象，兇害牙甚利，諸龍懷毒氣，皆化令調伏。
救護衆恐難，逮得常自在，十力佛無終，吾禮及弟子。
諸天龍神奉大聖，吉祥人民皆歸命，悉以恭敬得度脫，衆聖所宗願稽首。

其修行者已在學地不樂終始，已無所樂不貪三界，超色、無色斷一切結；志念、根、力及諸覺意，見滅為寂是謂永定。覩觀如是離色、無色，遠戲、自大。於是頌曰：

心已住學地，　曉了諸學意，　制於生死畏，　滅恐無所樂。
眾患盡無餘，　所見如審諦，　除戲及自大，　消癡亦如是。

修行自念：「當知今時已成羅漢得無所著，諸漏永盡修潔梵行，所作已辦棄捐重擔，逮得己利生死則斷，獲平等慧超出溝塹，鋤去穢草無有穿漏，成聖賢幢已度彼此。」於是頌曰：

修行住學地，　不動成聖道，　已逮得己利，　度苦常獲安。
盛熱山源竭，　永盡無流水，　奉敬離調戲，　是謂無所著。

已斷五品為人中上。於是頌曰：

已斷於五品，　具足成六通，　蠲除諸塵勞，　如水浣衣垢。
而離生死患，　依度得安隱，　是謂為政士，　最上無塵埃。

斯謂阿羅漢得無所著，應服天衣處于神宮，遊居紫殿飲食自然，百種音樂常以樂之，歡喜踊躍便從坐起，口宣揚言：「今者吾身為十力子，逮得是者，天上、世間一切衆祐；其奉敬者，增益天種損阿須倫。」於是頌曰：

巍巍四德成六通，忍辱之慧求最上，順於佛教致究竟，是故講說無學地。

修行道地經無學品第二十七

方便勝衆古，永脫諸恩愛，已離生死惱，滅盡於塵勞。
如日出除雲，尊離諸愛冥，歸命佛聖道，無痛長安隱。
已度諸入界，如人出牢獄，譬如紫磨金，在火而無損。
至定泥洹寂，未曾愛於身，佛以逮甘露，吾願稽首禮。

其修行者住於有餘泥洹之界，畢故不造不復受身，而心專一未曾放逸在諸色、聲、香、味、細滑，離一切著無復取捨，窮盡苦根。於是頌曰：

已得度無為，永都無所欲，立於有餘地，畢故不造新。

不在色聲香，　諸味細滑斷，　譬之若蓮花，　不著于塵水。
諸根為已定，　不隨諸入惑，　如金不雜鐵，　永與生死別。
無有因緣著，　爾乃長安隱，　是謂閑居行，　滅盡勤苦根。

譬如燒鐵令其正赤，以鎚鍛之，其上垢除稍稍還冷，不知其火熱之所湊也。修行如是，設至無餘泥洹之界，而滅度者漸漸免苦，是故此經名曰修行。於是頌曰：

若如以鎚鍛燒鐵，火焰忽出便復滅，其修行法亦如是，以得滅度不知處。
譬如天雨而有泡，其泡適壞不知處，設有行者得滅度，永不可知其所湊。
諸天神仙龍人民，不見度者何所至，其修行者非常空，聰明智慧得滅度。
假令行者以獲斯，計于甘露莫踰是，爾乃覺了長安隱，已得滅度令無餘。
其佛世尊說是喻，如鎚鍛鐵火炎出，以漸向於滅度者，永不可知神所趣。
已得滅度道，　平等解如是，　佛智慧明者，　其神安不動。
已濟諸瑕穢，　生死自大離，　獲致彼無欲，　清淨淡如淵。

其有奉行是道地教，漸得解脫至於無為。於是頌曰：

其求無為欲滅度，永離濁亂逮甘露，當講說斯修行經，從佛之教冥獲炬。

其有說此經，　假使有聽者，　佛當示其路，　常安無窮極。

學如是者便得究竟，修行道地心如虛空，五通自然不懼終始，永若燈滅。

修行道地經卷第六

修行道地經卷第七

西晉三藏竺法護譯

弟子三品修行品第二十八

巍巍佛德尊，　威神不可量，　道法隨時化，　度脫諸十方。
覩見生死瑕，　為現法橋梁，　毀呰終始苦，　嗟嘆于泥洹。
分別弟子快，　而順示厥行，　稍稍而開導，　乃至于大安。

若有修行見終始患，地獄之毒、畜生之惱、餓鬼之苦、人中憂憒、天上無常不可堪矣！展轉周旋譬如車輪，生老病死、飢渴、寒暑、恩愛之別、怨咎集會、愁憹之痛叵具說言。從累劫來與父母違，兄弟離闊，妻子之乖，涕泣流淚超于四海，飲親之乳踰于五江四瀆之流；或父哭子或子哭父，或兄哭弟或弟哭兄，或夫哭妻或妻哭夫，顛倒上下不可經紀，種勤苦根愚癡之元。修行見然皆患厭之，但欲免斯生死之病，晝夜精進，不捨道義求於無為。自見宿命從無量劫往反生死，設積身骨過須彌山，其髓塗地可遍天下，三千世界計死若周，其血流墮多於古今天下普雨。修行自察如是之厄，千萬劫說猶不可竟，故棄捨家除髮去鬚，專精求道不慕世榮，若如明者不貪屍形。於是頌曰：

修行見終始，　地獄之苦惱，　畜生餓鬼厄，　天下世間別。
生死之展轉，　譬如于車輪，　父子兄弟乖，　妻息子離感。
涕哭淚流下，　超于四海水，　飲親之乳湩，　踰於五江河。
修行故捨家，　專精為道法，　不慕時俗榮，　如明者捨毒。

修行自念：「我身或來不可稱限，不自覺知合會離別，憂*鬱之痛譬如劇醉不可了知，枉說趣語自為審諦，恩愛之著譬如膠漆不能自濟，則行精進遠俗近道。」譬如有人遠遊他國賈作求利，至彼未久興大疾病，死亡者衆十不遺一，死屍狼藉臭處叵言，既無良醫又無好藥可以療之。其人恐怖悔詣彼國，設不來者不遭此難，夙夜反側愁不可言：「設我病瘳，一還本國無有還時。」其人適遇得一大醫，飲藥鍼灸，疾稍稍愈氣力強健，即反本土與家相見，自陳值厄困不可言，從令以後終不敢行，不至彼土。一衣一食何所求耶？唯欲自寧，安知餘人也！後念若聞彼土之名，戰慄惶懅，不欲出舍而守其身。

弟子如是見五道苦，婬、怒、癡、病、生死無息，夙夜專精坐禪念道，得世尊教，諮嗟泥洹，毀呰終始，是為良醫。飲之好藥疾則除者，謂佛法經去三毒也。死屍狼藉者，謂五陰六衰。悔至其國者，自惟念言：「從累劫來周旋生死，恩愛之著猶心多端，不見苦諦、習、盡、道諦；已得道證，畏苦厭身早般泥洹，不能還教固在然熾，須佛世尊示本無一，乃當進前得不退轉進却自由。」於是頌曰：

譬如有人遠行賈，至於彼國遭疾病，衆人死亡十遺一，死屍狼藉無藏者。
心自悔恨至其國，吾何不遇值此殃，則得良醫療其疾，便還本土難復行。
畏生死患亦如是，覩於五道周旋苦，自責本咎不覺道，終始辛苦甚憂惱。

一心精進求泥洹，欲度世間諸怖驚，惡終始困猶死屍，專志而向無為城。

修行恐畏：「或當命盡不得度脫，還歸三塗難得拔出，不當懈怠計有吾我，如世凡人與三寶乖窈窈冥冥。」譬如昔者，有衆賈人遠行治生，更歷曠野無人之處，行道疲極便眠睡臥，亦不持時不嚴兵仗。大賊卒至而無覺者，不施弓矢為賊所害，中有力者便走得脫，飢困歸家。更復設計求強猛伴，復順故道行賈求利，每冥息寐，持時行夜嚴正弓箭。賊見如是不敢前格，知之難當便自退去。

窈窈冥冥者，謂為癡網，因癡致行而生識著，名色、六入，更樂、痛、愛、受、身生、老病死，愁憂啼哭痛不可意。行治生者，謂修行也。疲極臥寐者，謂不曉了非常、苦、空、非身也。無行夜者，謂不思惟深經之義也。兵仗不嚴者，不遵大慈、大悲之慧，趣欲自救不念衆生也。賊來見危者，謂坐禪思不入空靜，而為五陰、六衰所迷，墮四顛倒，非常謂常，苦謂有樂，非身謂有身，空謂有實，命盡生天福濶還世，不離三塗也。強者力走得脫歸家者，謂得羅漢也。即求強伴更治生者，謂至泥洹，知羅漢限不至究竟，見佛受教，更發大意為菩薩也。與眾為伴相隨行者，謂六度無極諸等行也。兵仗嚴正持時行夜者，謂大慈、大悲，分別空行，不著不斷也。賊退還者，謂不起法忍無罣礙慧，覩三界空不畏生死，一切四魔皆為之伏也。於是頌曰：

修行恐命盡，或入三惡道，不復計吾我，歸命於三寶。
猶昔有惡人，遠行求財利，睡眠而臥寐，為惡賊所害。
中有強健者，盡力走得脫，歸家說遭厄，今乃得安耳。
已得羅漢道，乃自知為限，不能入生死，以泥洹為礙。
更合強猛伴，嚴兵時行夜，賊見不敢前，便退歸本土。
在於無為界，知泥洹為限，則發菩薩意，行大慈大悲。
分別深空行，不著無所斷，周旋度生死，無有三界難。

修行奉法，入四等心無大慈悲。譬如小龍能雨一縣而不周遍，雖為人民潤不足言，羅漢行道四等如是。若如海龍普雨天下無所不潤，菩薩大人大慈大悲，普及眾生無所不濟。佛天中天見心如是，便為現限莫踰泥洹，稍稍進之至于大道知本迷惑。

喻有一人而有三子，父少小養至令長大，衣食、醫藥未曾令乏，父轉年長氣力衰微，謂諸子言：「汝輩不孝，生長活汝使成為人，吾既年老，不欲供養報乳育恩，反逼我身求財衣食，何緣爾乎？當告縣官治殺汝等。」子聞父教即懷恐怖，歸命於父：「我輩兄弟愚癡所致不識義理，不顧父母恩養之德，愛重望深不自察非，今聞嚴教即當奉命，遵修孝道超凡他人，夙夜匪懈無辱我先。」時彼諸子各行治生，入海採珍得諸七寶供給父母，至孝巍巍唯念二親不自顧身，獲大光珠名曰照明，即往奉父。父見明珠頭白更黑，齒落更生，為大長者遠近歸仰，是謂父慈子則為孝也。為弟子行無有大慈。

父有三子者，謂心、意、識也。養長子者，謂婬、怒、愚癡著於三界也。衣食之者，謂五陰、六衰、十二因緣縛也。子長續求供養者，謂諸情欲不知厭足也。父恐欲詣縣官告者，謂覺非常欲斷六入。子受其教奉行孝道者，謂歸命佛。三子更孝順者，布施、奉戒、智慧之元也。入海得七寶者，至七覺意成羅漢道也。

遂至孝者，知弟子限至泥洹界，更發大意為菩薩道。得照明珠父更少者，現在定意見十方佛無所罣礙也。於是頌曰：

昔者有一人，　而生有三子，　養育令長大，　故求父衣食。
父告於三子，　吾又年老極，　汝當供養父，　既大索吾力。
告言汝向官，　榜笞以五毒，　子聞父之命，　則奉行孝道。
入海求七寶，　供奉于尊父，　又得照明珠，　父則更年少。
三子心意識，　情欲不知足，　父訶更孝順，　謂施戒道慧。
遵於七覺意，　成羅漢泥洹，　受佛大深教，　更發菩薩心。
道德甚巍巍，　覩見十方佛，　不礙四大身，　猶空無所拘。

譬如昔者而有一鼇，從海出遊至於岸邊，有一大狐追之欲危其命。鼇覺狐來藏頭四足覆於甲下，狐住待之：「設出頭足我當搏食。」鼇急不動，狐極捨去。鼇還詣於大神龍王說其本末，求為龍王身，乃無所畏能制五陰，不為魔嬈得泥洹道。得為龍者入菩薩道，不畏四魔，救濟衆生。於是頌曰：

如鼈縮頭足，　不畏羅漢然，　得飛為龍神，　菩薩亦如是。

譬如有人遠行求財，涉於寒暑謂得大利，或處遇賊亡失其業。又有明人自於本土造方便計，利入無量供給四方，積功累德；計無常、苦行、空、非身，觀外萬物成敗之事，或得禪定成羅漢道，更從發意求為菩薩。或有達者，知四大空無有內外，行大慈悲加哀十方，雖有所度為無所度，道無遠近解慧為上，得平等覺無去來今若如虛空。於是頌曰：

如人遠賈作，　弟子亦如是，　積功觀惡露，　察萬物非常。
菩薩如明人，　求利不遠遊，　無生死泥洹，　得成平等覺。

其修行者恐畏生死，惡三界難，畏苦厭身不了本無，趣欲越患不念衆生。譬如軍壞諸羸劣人，唯欲自救不濟危厄。有此心者，佛則為說除三毒之惱，泥洹為快，離冥就明。譬如導師將大賈人遠涉道路，於大曠野斷無水草，賈人呼嗟！謂塗悠悠安能所至，永為窮矣！時彼導師聰明博學亦有道術，知於賈人心之所念厭患涉路，則於中道化作一國，城邑人民土地豐樂五穀平賤，賈人大喜轉共議言：

「一何快乎！本謂彌久，何時脫難到于人間？適有此念便至此城，當復何懼！」時衆賈人便住彼土，快相娛樂飲食自恣，從意休息，如欲厭之城郭則沒，不見國土，賈人皆怪何故如此也？導師答曰：「卿等患厭，謂道懸曠永無達矣！吾故化城國土人民使得休息，見汝厭之故則沒之。」

佛言：「如是弟子之行，畏終始苦謂生死惱，懼三界患早欲滅度，故為示之。」羅漢易得誘進使前，度於生死而盡三垢，得無為道自以為達成就具足，臨滅度時，佛則住前現于大道：「是未為通發無上正真之道也，得無所從生法忍至一切智，乃為達耳。」

譬如有國遭於三厄，何等為三？一曰、盜賊，二曰、穀貴，三曰、疾病。衆人流散走到他國，久後國安，或有往還者，或有恐怖三難之患永不可反。佛言：「國者，謂三界也。遭三厄者，謂三毒垢也。捨詣他國，謂羅漢也。國安還者，謂菩薩以得無所從生法忍一切深慧，還入三世度一切也。遭於三厄而不還者，羅漢以得無為，懼三難處，而不能還度脫衆生也。」於是頌曰：

譬如衆賈人，行於大曠野，疲極恐不達，導師化城郭。
衆人住休息，安止有日月，知其心厭已，便沒不復現。
佛世尊如是，見畏生死難，便為現無為，使度三界苦。
臨般泥洹時，為示大道化，令逮無從生，廣濟於一切。
又譬如大國，卒遭三厄患，各散詣他國，國安還不還。
畏生死之難，是謂為弟子，還國不以恐，菩薩化十方。
權慧方便化，皆令得其所，譬如大船師，往返無休息。
佛世尊如是，法身來往返，周旋於一切，如日光普現。

修行道地經緣覺品第二十九

其從緣覺而不自了，既發無上正真道，不與善友而受真法，專自反行。假使奉教六度無極而皆有想，欲得尊號三十二相、八十種好，威神尊重；不了善權，佛現色身反謂有身，便墮緣覺。如有男子欲見大海，遊到陂池及衆江河，於彼求寶而獲水精、小明月珠，自以逮得金剛尊光。從菩薩心而還退者，不曉如來無出入法，空而無形，道無三世去、來、今也；而謂見空以為定矣，而不了知適空之行；適度三界不能進前，上不及佛復踰弟子，中道而止。譬如有人欲見天帝而覩邊王，則謂是帝；欲學正覺意有齊限，不解深慧還墮緣覺亦如是也。若有斯心，佛便導示緣覺之法。

譬如長者，年又老極其子衆多，有大殿舍柱久故腐，中心火興；諸子放逸淫於五樂不覺此災，父時念言：「此舍久故柱心火然，轉恐柱摧壞殿鎮之，當奈之何？」欲作方便誘化使出令免火難，父則於外作諸伎樂，使人呼諸子：「各當賜汝象馬、車乘、摩尼之珠。」諸子遙聞伎樂之聲，又被父命，悉馳出舍往詣父所，父則各賜諸子寶車、好乘，等而不遍。諸子白曰：「向者尊父呼我等出，各賜異珍，今者何故所賜一等？」長者告曰：「吾殿久故，柱中心腐而內生火，吾恐柱摧鎮殺汝等，故作伎樂呼汝輩出，吾心乃安。皆是我子等愛念之，故悉與之珍寶車乘。」佛言：「其故殿舍，謂三界也。柱腐欲壞者，謂三毒之患周旋生死。

柱內火然，謂衆想念也。長者，謂如來也。諸子放逸，謂著三界欲也。作伎樂者，謂佛說罪福。呼諸子出各賜與者，現三道教也。諸子悉出父等與寶者，為現大乘無有三道，臨滅度時乃了之耳。」於是頌曰：

譬如有長者，諸子甚衆多，五樂自迷惑，著於故殿舍。
柱腐而欲壞，中心而生火，父恐殿舍崩，鎮殺其諸子。
因作衆伎樂，出子等賞賜，佛世尊如是，從緣覺意成。
臨滅度之時，佛則往其前，為現一法教，大乘等無異。

修行發意欲求大道不了本無，著佛色身三十二相、八十種好、人中之尊。譬如有人，聞四方帝號轉輪王，主四天下而有七寶，諸子千人力皆勇猛；城廣且長，東西四百有八十里，南北二百八十里也；中有大殿方四十里，四寶床座。人民熾盛，五穀豐熟，快樂無極，伎樂之音有十二部，夫人、婇女八萬四千，諸國治王八萬四千，象馬車乘其數亦然。王有四德，何謂四德？長者、梵志、凡庶、小民皆敬聖帝，如子奉父；王愛念之，猶母哀子；王所教化則受奉行；遠近歸命，如人仰天依地得活。復有四德：無寒無熱，初不飢渴，生未曾病，本祐所致。

其人聞之欲往見帝，慕其聖教便發進行，於道疲勞見一異道，則順入中覩一大城，人民熾盛，樹木、流水樂不可言，謂是城郭為聖帝邦，便止其土。又斯雖樂，鬼神之處，其人不覺也。時有天王名曰休息，即覩其人為解說之：「此非聖帝處也，是鬼神國也。轉輪聖王威德巍巍，爾乃欣然親近奉從。」

若有發意學菩薩道，不了深義不分別空，世間無佛；出入閑居處於樹下，觀察萬物非常、苦、空，身不久立，不解本無，以得緣覺自以為成。臨般泥洹佛在前住，為現大法深妙之教，十二因緣本無有根也。曉本末空，無去、來、今，大慈大悲不見三界，無泥洹想乃成正真，度脫一切也。於是頌曰：

譬如有人求聖王，及見一城謂是邦，諸小國王憶轉輪，在中娛樂謂大通。
休息天王往見之，則為解脫此鬼土，非為大帝轉輪王，爾乃驚怖自知非。
便發往詣大帝邦，見威神德大巍巍，吾冥不解久迷惑，則奉聖王常侍從。
欲學大道不了了，還墮緣覺亦如是，然後受佛深微行，乃至無上正真道。

光光佛威德，　其德濟衆生，　等心加一切，　除三毒之名。
永脫生死苦，　道因智慧成，　清淨如日光，　徹照三界冥。

修行道地經菩薩品第三十

其修行者因自思惟：「人在生死譬如車輪，反覆上下而不離地，終始若斯，往返之患不離三界，皆是本癡不了本無，謂有四大猗之為諦。復如有人見師化幻而謂是人，不知化成；愚人如是，貪著吾我計有身命，不曉其體地、水、火、風。」

譬如有人遠出欲遊行詣他國，素聞道難常懷懼心畏於盜賊，四向望候遙見諸塢衆石草木，謂有大賊數千百騎，當奈之何？各走馳散不知所湊。中有導師呼語衆人：「勿得便捨，至劇難處而無水漿，或值窮厄不濟身命，或困乏極爾乃來還，往返既久加復疲勞，悉失財物當何依怙？裸匱肌凍反當求恃，而從豪富歸命舉假。且自安心共相率化，遣人探候，設無賊者徑可進前，假使有來堅志共戰當令走壞。所以者何？一人欲死十人不當，十人欲死百人不當，百人欲死千人不當，千人欲死萬人不當，萬人欲死天下縱橫。」眾人受教不復馳散，皆住嚴待遣人探竊，唯見草木瓦石之屬，永無盜賊。眾人忻歡爾乃進前，皆謂導師天下無雙，智慧明達誠非世有；舉動進止，輒從其命不敢違失。

菩薩大人修行如是，為一切導解三界空，一切如化，五陰猶幻，不惡生死而滅其身，開化十方為示正路。嗟嘆菩薩深遠無侶，周旋三界度脫生死，弟子既小志常懷懼，趣欲滅身不及一切，又不究竟當復還退。從發意始，明人因此聞菩薩教，皆發無上正真道意也。於是頌曰：

菩薩大士為修行，了一切空身如化，因緣合成得是體，坐心不正追逐邪。
譬如賈人遠遊行，遙見樹木謂是賊，心各懷懅而馳散，導師解之心乃安。
菩薩如是解本無，為一切師廣說法，示弟子等大道深，如日光出無浮雲。

菩薩學道稍稍漸前至無極慧，因六度無極分別空行，積功累德無央數劫乃得佛道。譬如有人少小仕進，始為困貧轉得大富，求為丞尉遂成令長，進二千石稍到州牧，四征公卿大臣，轉至帝王、轉輪聖王、天帝、梵尊；為菩薩道次第學者亦譬如是，稍稍發意布施、持戒、忍辱、精進、一心、智慧，縛制六情除去三毒陰衰之蓋，向空、無想、無願之法至不退轉，近成具事一生補處。猶如磨鏡洗治平鐵，稍稍令細遂復發明；稍稍習行六度無極，積功累德不可計劫，自致得佛開度十方。於是頌曰：

如人少仕進，　至尉及令長，　二千石州牧，　四征至公卿。
大王并轉輪，　日月天帝釋，　菩薩亦如是，　稍稍積功德。
奉六度無極，　行是得至佛，　開化十方人，　悉令至十安。

菩薩學定專精一心，稍去衆垢進化其志。譬如有人欲行入海，日月行前而往不退，雖遭飢寒未曾動移，不計遠近勤勞之厄，行不休息遂至海邊，合人上船入海採寶，雖知三難不以為懅。到大龍王所居之宮，從求如意上妙明珠欲給窮乏，龍王與之言：「施一切勿得愛惜，衆人蒙光而不耗減。」其人得珠蒙恩忽還，以至一國無不得安。菩薩如是，等心行道欲濟衆生，慈悲喜護一心念佛，其所在方，專精向之未曾懈廢，七日、十日、三月、一載不為俗想，一心向佛并化衆生，乘摩訶衍無極之教，見十方佛受教得定，三昧不動為一切講。譬如從龍王得如意珠廣及衆人。

譬如有人而聞天上有好玉如端正姝好，意欲往見無有神足，夙夜思想臥起不忘，積有年歲未曾他念，便於夢中得往見之。坐起進止，菩薩如是，一心思惟向某方佛，積年不息得三昧定，行不偽懈累劫不厭，自致得佛；菩薩行道大慈、大悲哀加一切。

昔有一人其目不明，不見日光，心中憂悒：「雖有日明，我眼盲冥不能覩也！當奈之何？」求得神師飲之甘露，內病即除，其眼精徹得覩日光，察八方上下及諸人民。初發大意，六入、五陰、三毒未除，不能得見十方諸佛；從成就菩薩受法深教，行四等心解三界空，便得三昧見十方佛，從定意起救濟衆生。譬如珍寶著水精上，如以其器受於瑠璃，瑠璃之色令器同像。菩薩如是，一心念佛無有他志，即得定意見十方佛，因佛威神本德所致見佛世尊。於是頌曰：

譬如有人行入海，未曾懈癈乃至耳，合人乘船至龍王，從求大寶如意珠。

以施一切莫不蒙，菩薩如是行四恩，大慈大悲行大道，一心精進三昧門。
如人聞天有玉女，夙夜思惟夢得見，菩薩如是等精進，見十方佛無不遍。
又如目冥思日光，良醫治之眼即明，菩薩如是專向佛，未曾休息不退轉。
如以珍寶著水精，展相光耀無不照，菩薩如是三昧定，從佛受教遍教化。

菩薩積功累德欲度一切，視之如父，視之如母，視之如子、視之如身等而無異。為五道人勤苦無量不以為劇，雖歷五道生死之患、地獄之苦、餓鬼之毒、畜生之惱、天上世間終始之厄，心不迴動；行大慈悲、四恩無厭，救濟十方免眾想念。

譬如彼月初生之時，若小羊角，日日稍大遂至成滿，光明普照眾星獨輝。次第學道為菩薩法，布施、持戒、忍辱、精進、一心、智慧，經無數劫勤苦之行，身心相應言行相副，念十方人若如父母無有親踈。

譬如種樹稍稍生芽，後生莖節、枝葉、華實，漸行如是；從初發意便喜向佛，以獲悅心休息惡道，成就六度無極之法，入善方便不起法忍一切佛慧，則轉法輪示現滅度，分布大法後生蒙恩。

猶如有人欲立大屋，先平其地漸興根基，稍累其牆令至高大，以材木覆梁柱牢堅，以瓦瓦之塗治仰泥，作悉成了而汚灑之，白壁赤柱儼然巍巍；然後請會親族、門室、善友、鄉黨無不周遍，飲食作樂無不欣歡。菩薩如是，積行無量不以勤苦而有厭懈，覩彼衆生展轉五道，終始周旋如磨不定，發大慈悲無蓋之慧欲救一切，猶若如空無所不覆；道德以成，現處三界示於色身，三十二相、八十種好令衆見悅，為十方人而師子吼，一切聞聲莫不歸伏，各從本心成三乘行。於是頌曰：

初發意菩薩，　慈念諸十方，　如父母子身，　等心無希望。
漸漸發行迹，　如樹芽至莖，　枝葉節華實，　種者功不唐。
菩薩亦如是，　稍稍奉行道，　功德以成滿，　平等最吉祥。
猶若起大屋，　平地始基牆，　累之令高大，　覆蓋正圓方。
請會親鄉黨，　飲食作樂倡，　菩薩救衆生，　度脫以道光。

何謂超行？適發道意至不退轉無所從生，具足成就至阿惟顏。俱行菩薩何緣獨爾？解三界空、五陰無處，四諦無根緣想而生，十二之因以癡為元；觀察癡元亦無處所，有所著求則名之癡。慧者了無，譬如幻師還觀化人不見有人。菩薩如是，省三處空猶如野馬、夢幻、芭蕉、深山之嚮，但可有名而不可見。

昔有一人自於夢中見有國中多諸人民，王大嚴急，群臣奉事不敢失意，五穀平賤、衣被、綵色、倡伎、娛樂。其人覩之，欣然為觀往見國王，王便立之以為大臣，賜與官職、僕從、田宅、七寶，踊躍無量。又自見身復入地獄、餓鬼之中，化為驢身在輩中鳴；忽然上天，七寶宮殿玉女相娛。從夢便覺不覩所獲，則自解了五道如夢，一切本無而不可得，分別此慧則不退轉至無處所，權慧具足明學大道。觀心如幻，五陰、六入若如群臣，色、聲、香、味、細滑之法五道所有，皆如彼人所夢覺也。見無所見亦無夢想，是謂超越至無極慧不緣次第。於是頌曰：

人身及五陰，　觀之無處所，　四諦十二緣，　一切悉如化。
如其夜夢見，　一國大快樂，　為王作大臣，　伎樂而豪富。

入地獄餓鬼，　為驢騲中鳴，　天上七寶殿，　相娛寤不見。
慧者觀三界，　五陰悉如夢，　以了無處所，　逮得不起忍。
道法無遠近，　猶空無所處，　心空解本無，　忽如日大光。
當爾時之慧，　無得無所失，　道無去來今，　覺乃本無一。

何謂超行？人本一故，用不解之便起吾我，適著便縛，以縛求脫；不著無縛，何誰求脫？譬如五事而住虛空，雲、霧、塵、煙、灰不能為彼虛空作垢。心本如空，五陰之毒喻如五事，不蔽心本曉了無形，慧無罣礙入深法忍不以次第。

譬如有人曾為凡人，家既困乏行詣佛所，遂檀越食，發一好心：「我身宿罪不能布施，今得貧厄，衣不蔽形，食不充口，又不作福，因佛求食；我設有財廣施供佛及諸聖眾，給足窮乏。」爾時，世尊及與聖眾各自罷去，乞士自責：「吾本薄祐不能興德，獲斯困匱。」思惟是已，臥蔭樹下，日已差中餘蔭皆移，所臥樹下其影不轉，體諸垢坌悉為除去，自然有威。時國王崩，當得賢人以為君主，募一國中無不周遍，獨見乞士有超異德，樹蔭覆之若如大蓋，往啟群臣詠其威德。人民咸喜嚴駕奉迎，立為國王；以得帝王，普興德化，供佛衆聖。

人在生死五道之苦，五陰、六入、十二因緣，聞佛深法本無之慧，大慈大悲加於一切，雖欲度人不見有人，度無所度不見吾我，三界如響一切無我，等猶虛空。則超入慧不退轉法，無所從生阿惟顏事，名之有德亦無所獲。譬如日出衆冥皆索，還成平等無所適莫，不見有縛亦無所脫，譬如金山自然無作，曉求金者輒如得之不以為難。人本清淨而無垢穢，覺了此慧便入道門而無罣礙，猶空自淨無有淨者。於是頌曰：

如人久困貧，　乞食從衆聖，　便自還剋責，　吾宿積罪冥。
便發恭敬意，　慈念于衆生，　若得為帝王，　給施於萬姓。
則臥於樹下，　其影蔭彼形，　使者啟群臣，　悉往而奉迎。
立之為國王，　事佛及衆聖，　菩薩亦如是，　超越解本淨。
德高為巍巍，　度脫諸群生，　五事不汚空，　心淨如寶英。
救濟五道厄，　使除終始冥，　如月十五日，　星中而獨明。

昔有一人欲往見佛，知為云何身形何象？所說何趣？阿難遙見前白佛言：「此遠來者為是何人？」佛言：「阿難！未曾有人。」其人徑前欲得覩佛，而不見之。佛身忽然永不在座，人自思惟：「故來覲佛而不見之。」察念何謂？便自解了：「世尊法身本無有形，用吾我人而現此身。譬如深山人呼響應，因對有聲；法身無處，何緣欲見？」適思此已，便逮無所從生阿惟顏，了無內外普等若空，超入正覺。於是頌曰：

昔有人發意，　欲見佛世尊，　其尊何等類，　說法義云何？
阿難問何人？　佛言未曾有，　尊身忽不現，　怪之何所湊。
便自解了慧，　佛身無所遊，　空體慧住道，　示現無不周。
道法如響應，　等心無怨讐，　解義若斯者，　如空莫不覆。

發意菩薩欲救一切，觀四大身因緣合成，若如幻化，譬如假物，則非我所有亦非他人。猶如合材機關木人因對動搖，愚者覩之謂為是人；慧明察之合木無人，一切三界皆空如是。色、痛、想、行、識、十二因本無有往返，若水中影無有形名，如是行者超入法城。於是頌曰：

初發意菩薩，解四大本空，視生死泥洹，一切覩皆同。
譬如借他物，常還所取供，不計吾我人，除去諸曚曚。
不見心意識，道明越海江，三界如幻化，菩薩受諷誦。
五道猶野馬，衆惡悉佛種，勸化諸未解，法身不轉動。

或有慧人自然發意：「如來之行不因言說而至正覺，如日大光一時普遍，解空義者無道俗觀，等如虛寂永不可名。譬如曠野汚埿之中無有下種，自然有生青蓮、芙蓉、莖華；菩薩如是，在恩愛中，三界之難忽然慧解，不見生死不住泥洹，教化一切令至大安。」於是頌曰：

於是發意為菩薩，分別空義解本末，以入道法無所乏，智慧具足神通達。
猶如蓮華生汚泥，發如來意成菩薩，開化一切衆生類，等住法門為正覺。
華生泥中清淨好，四種之色喻四等，超越次第阿惟顏，勇猛力伏首楞嚴。

菩薩修道，譬如飛鳥飛行空中無所觸礙，以空為地不畏於空。菩薩如是發意之頃便入道慧，善權方便不以為乏，心等如空無所住止，不離生死不樂泥洹，俱不增減。譬如五種綵色各異皆因草木，草木根生悉因從地，地下有水，水下有風，風因空立，如是計本悉無所有；若如浮雲忽有氣來，況無所至！菩薩如是解三界空喻之如風，無所住止，計有吾我便有三處，不見有我安計有彼？不明無冥無淨不淨，便入本無亦無出入。

譬如昔者有一小蟲，心懷金剛住於海邊，閻浮大樹高四千里，樹則震動不能自安。

樹神問之：「卿何以故震動不安？」

樹報之曰：「蟲住我上所以不安。」

神又問曰：「金翅大鳥立於仁上何故不動？小蟲處上而獨戰慄！」

樹報之曰：「此蟲雖小腹懷金剛，吾不能勝，是故搖動。」

其小蟲者，謂發意菩薩也。其大樹者，謂三界也。樹動不安者，謂發意菩薩超至深慧遠阿惟顏，三千大千世界為六反震動。其金翅鳥住上不搖，謂諸弟子四道雖成，無所能感也。於是頌曰：

譬如小鳥住大樹，戰慄不安五枝散，菩薩大士亦如是，超行成就動三千。

其心堅固如金剛，度脫一切生死患。弟子猶如金翅鳥，處在三界無所感。

菩薩解慧，入深微妙不從次第，猶如有人卒立為帝，凡夫之士曉了本無，心等如空而無處所至阿惟顏。

昔者虛空忽有藥樹，枝葉普覆八隅上下，其氣照下，諸毒草木惡氣悉除，長育天下，諸有好人大小悉安；地高為平，卑者則高，天下太平無有溪谷及與山陵，七寶自然，雨墮甘露，人民大小莫不以歡：「吾本有福以離衆患，出入行步無所畏難，無有惡獸盜賊之苦，藥樹自然蒙者皆安；風雨時節五穀豐熟，面色和悅，衣食化至無有衆惱。」

猶如大樹忽然生空普照天下，若有凡夫在生死中，卒解深慧至真本無而無罣礙。氣照天下者，謂彼菩薩放大光明以成為佛，除一切人婬、怒、癡垢也。長育令安，謂使四輩奉行道義也。令高下平者，使五道人皆獲平等慧。七寶自然者，謂七覺意也。雨甘露者，謂講菩薩法也。人民安隱五穀豐滋，謂終始斷逮五神通，遂至大義阿惟顏住。於是頌曰：

如人卒立為國王，菩薩大士亦如是，曉了深慧至無極，得成佛道度十方。
猶如虛空生大樹，根株枝葉四分布，照於八隅上下方，地高下平五穀滋。
人在生死凡夫身，忽解深法惠流布，令十方人度三塗，等心一切雨甘露。

修行道地經卷第七

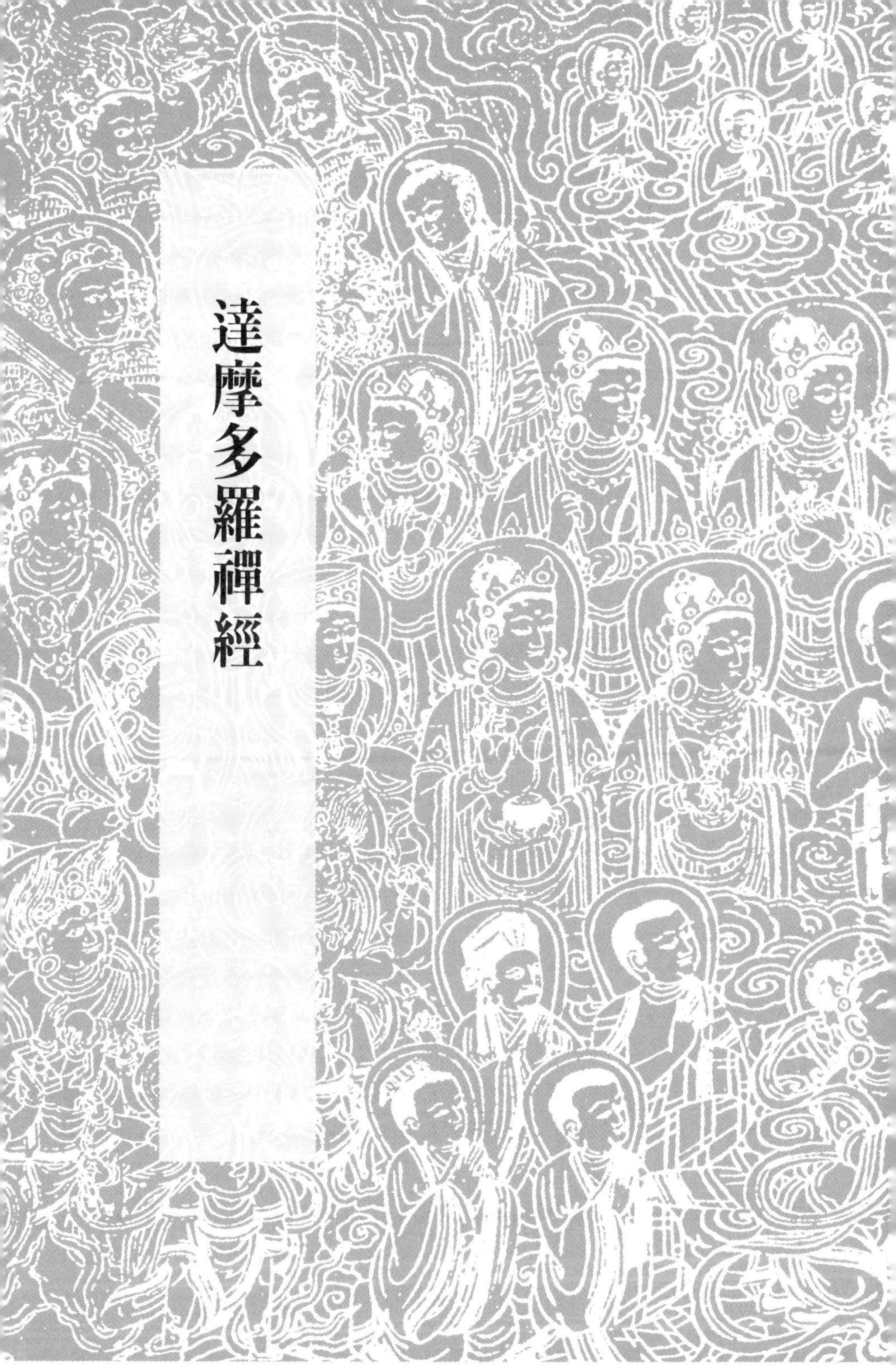

達摩多羅禪經

達摩多羅禪經*序⑬

夫三業之興以禪智為宗，雖精麤異分而階籍有方，是故發軫分逵塗無亂蹤。革俗成務功不待積，靜復所由，則幽詣造微，淵博難究，然理不云昧，庶旨統可尋。試略而言：禪非智無以窮其寂，智非禪無以深其照，然則禪智之要，照寂之謂其相濟也。照不離寂，寂不離照，感則俱遊，應必同趣。功玄於在用，交養於萬法；其妙物也，運群動以至一而不有，廓大像於未形而不無，無思無為而無不為，是故洗心靜亂者以之研慮，悟徹入微者以之窮神也。若乃將入其門機在攝會，理玄數廣道隱於文，則是阿難曲承音詔，遇非其人必藏之靈府。何者？心無常規其變多方，數無定像待感而應，是故化行天竺緘之有匠，幽關莫闢罕闚其庭。從此而觀，理有行藏，道不虛授，良有以矣。

如來泥曰未久，阿難傳其共行弟子末田地，末田地傳舍那婆斯，此三應真咸乘至願冥契于昔，功在言外，經所不辯，必闇軏無匠，孱焉無差。其後有優波崛，弱而超悟，智紹世表，才高應寡，觸理從簡，八萬法藏所存唯要，五部之分始自於此。因斯而椎，固知形運以廢興自兆，神用則幽步無跡，妙動難尋涉麁生異，可不慎乎！可不察乎！自茲已來，感於事變懷其舊典者，五部之學並有其人，咸懼大法將頹，理深其慨，遂各述讚禪經以隆盛業。其為教也，無數方便以求寂然，寂乎唯寂，其揆一耳，而尋條求根者眾，統本運末者寡，或將暨而不至，或守方而未變，是故經稱滿願之德，高普事之風。原夫聖旨非徒全其長，亦所以救其短。若然五部殊業存乎其人，人不經世道或隆替，廢興有時則互相昇降，小大之目其可定乎！又達節善變出處無際，晦名寄跡無聞無示。若斯人者復不可以名，部分既非名部之所分，亦不出乎其外，別有宗明矣。

每慨大教東流，禪數尤寡，三業無統，斯道殆廢，頃鳩摩耆婆宣馬鳴所述，乃有此業。雖其道未融，蓋是為山於一簣。欣時來之有遇感奇趣，於若人搶夫制勝之論，而順不言之辯，遂誓被僧那至寂為己任，懷德未忘故遺訓在茲。其為要也，圖大成於未象，開微言而崇體，悟惑色之悖德，杜六門以寢患，達忿競之傷性，齊彼我以宅心，於是異族同氣幻形造跡，入深緣起見生死際，爾乃闢九關於龍津，超三忍以登位，垢習凝於無生，形累畢於神化，故曰：無所從生靡所不生，於諸所生而無所生。

今之所譯，出自達摩多羅與佛大先，其人西域之俊，禪訓之宗，搜集經要勸發大乘，弘教不同故有詳略之異。達摩多羅闔眾篇於同道，開一色為恒沙，其為觀也，明起不以生滅不以盡，雖往復無際而未始出於如，故曰色不離如，如不離色，色則是如，如則是色。佛大先以為澄源引流，固宜有漸，是以始自二道開甘露門，釋四義以反迷，啟歸塗以領會，分別陰界導以正觀，暢散緣起使優劣自辯，然後令原始反終，妙尋其極，其極非盡，亦非所盡，乃曰無盡，入于如來無盡法門。非夫道冠三乘智通十地，孰能洞玄根於法身，歸宗一於無相，靜無遺照動不離寂者哉！庾伽遮羅浮迷譯言修行道地。

⊙達摩多羅禪經卷上

東晉天竺三藏佛陀跋陀羅譯☆

修行方便道安那般那念退分第一

前禮牟尼尊，　熾然煩惱滅，　流轉退住者，　度以升進道。
修行微妙法，　能離退住過，　亦滅一切惡，　成就諸功德。

佛世尊善知法相，得如實智慧，滅煩惱盛火，出熾然之宅，乘諸波羅蜜船，度無量苦海，以本願大悲力故不捨衆生，為諸修行說未曾有法，度諸未度令得安隱。謂二甘露門各有二道：一、方便道，二曰、勝道。清淨具足甚深微妙，能令一切諸修行者出三退法，遠離住縛增益升進，成就決定盡生死苦，究竟解脫兼除衆生久遠癡冥。佛滅度後，尊者大迦葉、尊者阿難、尊者末田地、尊者舍那婆斯、尊者優波崛、尊者婆須蜜、尊者僧伽羅叉、尊者達摩多羅，乃至尊者不若蜜多羅，諸持法者以此慧燈次第傳授。我今如其所聞而說是義：

我今如所聞，　演說修行地，　方便勝究竟，　如其修所生。
修行於善法，　先當知四種，　退減住升進，　決定諸功德。
修行退減時，　令住法不生，　亦不能升進，　是今當略說。
先當起等意，　習行慈心觀，　須臾止瞋恚，　令暫息不行。
煩惱暫止息，　次當淨尸羅，　尸羅既清淨，　三昧於中起。
三昧已修起，　觀察應不應，　善知應不應，　修向所應作。
既向所應作，　專念繫心處，　已能樂彼處，　正觀依風相。
正觀依風時，　其心猶馳亂，　止心在入息，　如繫調御馬。
心既止入息，　思惟正憶念，　冷暖與輕重，　柔軟麁澁滑，
修行諦覺知，　隨順善調適，　於觸復不了，　是說修行退。

數一以為二，數二以為一，至九猶錯亂，是說修行退。
若於修行退，更數從初起，十數滿足者，遠離諸過行。
不修與過修，或有異修起，有此諸過生，是說修行退。
修行若俱數，心據生惑亂，惑亂若增長，是說修行退。
氣息不通流，衝擊於鼻面，頭頂悉苦痛，內或絞風起，
息亂失其道，而彼不知治，身體極燒熱，其心生憒亂。
四種既錯亂，依風極違諍，修行欲令息，而不善方便，
不知對治法，是必疾退滅。修行緣入息，而反緣出息，
修行緣出息，而反緣入息；於二心俱淨，是應修行果，
寂止定意生，而復更求數，有此諸過謬，是皆修行退。
急喘而安般，則令念錯亂，由是錯亂念，修行心發狂。
其心發狂故，不知應不應，於二無分別，是說修行退。
修行數已成，息去亦隨去，去已處處住，於彼善觀察。

既觀令息還，　還已起清淨，　不善知六種，　是說修行退。
長短悉分別，　遍身盡覺知，　身行漸休息，　一切應決了，
於此不善知，　是令修行退。　知喜亦知樂，　勤方便意行，
當復制心行，　令不至掉亂。　次分別知心，　修行正觀察，
又生欣悅心，　還復攝令定，　非是不定心，　定已心解脫。
善修解脫者，　不令心退沒，　若入退滅分，　則無有解脫。
觀察無常斷，　離欲與滅盡，　出息入息滅，　是名修行勝。
如是十六行，　自在心迴轉，　覺觸之所獲，　見得亦復然。
若於見與觸，　不善識分際，　是過應當知，　無智令修退，
修行上增進，　不應緣於下，　緣下亦如是，　不應上增進。
若見二增進，　心住而等觀，　任之則自成，　還到修行處。

修行勝道退分第二

勝念已成就，懈怠竟沈沒，是則為退像，無堪於所求。
不染污無記，起諸腦惱退，垢濁熱炎生，由是失正見。
振掉或闕鑰，浮飄麁澁滑，是五退減相，修行應分別。
望遠絕所悕，有見已墜落，還顧覩深嶮，是皆退減相。
長病誦止諍，多業遠遊行，彼時解脫種，是五退減因。
言戒聞捨慧，於是漸衰退，身重與惛鈍，耽睡及沈沒，
是五應當知，修行退轉相。恐怯多猶豫，驚畏不欣樂，
懈怠離所欲，不迴向修行，不習過修習，是二俱為失，
彼時解脫種，於是修行退。三昧離相樂，爾炎皆消盡，
麁澁四大種，還從身內起；掉動失正念，由是意憒亂，
其心不恬靜，斯從行者生。一切諸瑞相，不顯現分明，
修行如是觀，欲見為甚難。諸根悉馳縱，隨欲向所緣，
邪意普流散，樂著諸境界。形消意愁慘，其身皆燒然，

如是燒然者，是說為憂退。方便不精勤，後則生悔恨，
聞所應成就，欲進劣無能。不趣喜勝處，或見勝不取，
皆由無智故，是說修行退。自念有越戒，疑悔及諸覺，
意淡無滋味，是說修行退。諸過定意羸，三昧漸消滅，
心亂蓋所覆，是說修行退。心舉調順捨，不觀時非時，
不了住起緣，無智故修退。不知六時行，六界亦不善，
亦愚六巧便，是說修行退。貪欲瞋恚覺，十想巧方便，
得向諸禪地，及法心妄解，一切次第度，無知故修退。
不觀處非處，業報及正受，禪定諸解脫，淨味愚不了；
諸根到處道，性欲不分別，心隨眾雜相，是悉無知退。
於苦樂速道，其心不趣向，如是意迷惑，必向退轉處。
起住與起緣，入出及方便，六法不成就，是令修行退。
知法亦知義，知時亦知量，自知與知眾，及知福伽羅，

於七愚不了，是令修行退。
親近不善友，令是修行退。
當知是不久，必於修行退。
斯皆非所樂，近令修行退。
棄捨所緣處，心不得真實。
雖欲還彼處，意衆不復樂，
身無復滋潤，悅樂亦不生，
三昧不復起，其心永不住，
愛見慢增禪，於緣心味著，
身如利刺害，或復極振掉，
有此三過惡，必於修行退。
習近三退法，是說修行退。
亦有解脫障，是令修行退。

興起諸惡法，習行卑賤業，
錯說違所應，愛者心樂向，
所止處及人，床臥等衆具，
喜隨諸雜相，損減所修慧，
修行捨本相，散心隨外緣，
遂失長養分，其心不一定。
所依不可樂，身意俱錯亂。
如是不住心，必於修行退。
有此累念生，是說修行退。
舉體皆煩壯，如蛇毒充滿，
得未得服行，他務意不閑，
業與煩惱報，說是三障閡，
方便想惡行，三摩提行地，

於彼不觀察，是令修行退。方便想諸地，三昧行及餘，
所聞隨悕望，則於發趣退。生時作滅想，滅時作生想，
二想俱當失，是則修行退。若於住法中，而作生滅想，
與此諸顛倒，是說修行退。入時作出想，出時作入想，
二俱作住想，是說為顛倒。欲斷煩惱得，修行正方便，
由彼得力故，相似諸相生，相似相既生，修行心隨轉，
煩惱即時起，是說修行退。退過諸駛水，漂浪修行者，
隨我力所能，少量退法海。無量餘退過，是深非所惻。
諸深明智者，自當廣稱說。

修行方便道安般念住分第三

如我力所能，演說退過已，今當說住過，修行者善聽。
若於入出息，無見亦無覺，不解方便求，是則初門住。

聞慧既已生，應起思慧念，不善解次第，愚癡住所縛。
若數已成就，息去應隨去，不知隨順法，是說修行住。
如佛問比丘，誰習安般念，有一比丘答，是念我修習。
汝有安般念，不言汝無有，復更有勝妙，牟尼說當修，
方便道安般。

修行勝道住分第四

勝道修正觀，相行念已成，不善升進法，是則住所縛。
愛著所緣境，進業心懈怠，由是縛所縛，不能至勝處。
或有不可動，非軟亦非堅，或強極牢密，亦如金剛像，
有此五障閡，不進亦不退，是則住縛相，遠離升進道。
亂光及黑闇，忍自身不現，譬燃濁油光，亦如翳目視，
光明不顯發，背捨諸喜樂，寂止息樂分，彼終不復生。

猶如堅實物，而有濡相現，或時修行者，住相亦復然。
相非隨所欲，而起隨欲想，雖欲令隨意，終不從所樂。
謂相非所留，而欲強制持，如是違反念，則為住所縛。
是想已成就，當知非所制，住彼去留相，能到最勝處。
欲令涌作沒，或欲高為下，於去欲使來，於住不欲住，
滅時欲不滅，終不如所欲。修行住生滅，所行常轉進，
諸法相已成，終不捨自相，若不捨自相，自相則顯現。
薄皮覆不淨，令不見身穢，威儀及衆具，利樂翳身苦。
相似次第生，前後續無間，隱蔽非常相，令不見身變。
施作服用受，攝持吾我相，能憶念本事，隱身非我觀。
是諸相似相，修行不分別，於彼起愛樂，而生功德相；
染著妄想生，不復樂升進，不能取勝法，住過日增長。
非我相似相，此等不迴轉，如是不迴轉，行者癡惑生。

無智住所縛，繫著於彼處，樂著生諸過，是相今當說。
爾炎漸損壞，分離及交亂，破散叵和合，是則住相縛。
於身不巧便，自生分離想，交亂或塵碎，是為住所縛。
守常無異想，衆色不次生，種種衆妙想，亦不次第起。
流出而不住，其身漸消滅，相或來復去，修行不增長。
寂止既不生，於身無長養，心不起悅樂，是說不淨捨。
彼不清淨捨，所見不鮮白，亦不能升進，亦復不退轉。
如戲沙門像，少時生悅樂，譬如借衣服，亦如夢所見。
為命不清淨，諂曲及餘惡，聚落知識所，自顯其功德，
覆藏諸過惡，犯罪不發露，及餘一切縛，垢污修行者。
髣髴有事相，而便起實想，未熟謂為熟，未滅想已滅。
方便不等滿，而欲求升進，如部含穟苗，是則住所縛。
業始無方便，相現堅守持，過進心矜舉，如是住所縛。

或有修行者，而起斷常見，是見令心亂，則為縛所縛。
或有修行者，身身細微觀，彼為住所縛，厭心不增長。
厭心不增進，不能離貪欲，若不離貪欲，何從有解脫！
解脫不成就，終不得漏盡，不斷諸漏者，則無實智慧。
於彼身念處，住相已分別，受心法念處，如是應廣說。
修行心不悅，彼喜亦不生，身無寂止樂，當知是住相。
修行所受獲，信戒聞捨慧，常守其少分，是則為住相。
有住縛比丘，往到阿難所，迷於所住相，是今當略說。
得無相三昧，六年住所縛，樂欲聞所說，常隨逐阿難。
不能進所業，亦復不退轉，住於住境界，不得解脫道。
不來亦不去，解脫已而住，住已復解脫，解脫已還縛。
或有修行者，住在不退地，微細煩惱起，而不能覺知，
不覺煩惱故，不能到勝處。於地無分別，亦無有退過，

地諸過不起，如是止於住。或於住分中，而失眾妙相，
眾妙相雖滅，意猶順彼地。意順彼地時，餘分樂相生，
已有少樂故，心依寂止住。因其寂止心，自謂作已作，
安止不具足，不得具足果。無智翳心目，而自謂為智，
修行無智障，不覺所應用；覺所應用者，於地能究竟。
彼住共地中，種種垢所污，若使修行者，成就不共地，
如是知過患，彼終不為縛。不識煩惱過，愚癡無實智，
於禪覺吉安，猶如象繫樹。修行觀爾炎，莫知所起處，
從其所依出，而自不能知。不涌亦不沒，不見相所起，
亦不知滅處，過亦無過是。所說諸障礙，皆是堅住相，
謂不由彼住，斯非明智說。興造諸過患，若干因緣縛，
能用諸對治，眾妙復顯說。所尊不恭敬，亦不捨憍慢，
自隱覆其過，不向明者說。我年既衰老，已為眾所棄，

或能失利養，令我生苦惱。心常懷憂畏，深慮長歎息。
我後當死時，將欲作何計？隱過心憂惱，愚惑作所縛。
橫自生罪累，失大功德海，味著現法樂，貪餮黠無慧。
棄捨後世果，與此諸過惡，如是諸住縛，所起各各異。
修行無怯劣，能治所應治，怯劣無方便，自謂無由進，
是則甚難拔，如象溺深泥。如是甚難拔，懈怠心所欺，
長夜沒住泥，熱迫而趣死。業行煩惱報，為此三障覆，
無智無勢起，永為住所沒。久遠積癡冥，業行諸煩惱，
繫縛斯等類，迷亂不自在。習近諸過惡，遠離善功德，
令其意忽擾，如箭旋虛空。蛇毒盛充滿，蝮蠍惡龍處，
巨海深無底，無澤大火聚。盲人近彼遊，闇往而不見，
修行住所縛，其過亦如是。住過多無量，升進德亦然，
如海無涯底，是深不可量。世間無知障，真實慧為燈，

持燈無放逸，彼明終不滅。善說住分過，縛諸無黠者，
決定知境界，究竟非我分。種種過所縛，是縛非一相，
當知業衆緣，唯佛能覺了。

修行方便道升進分第五

比丘安般念，功德住升進，能令智慧增，我今次第說。
功德住已進，進復功德住，是故說修行，功德住升進。
修行於鼻端，繫心令堅住，專念諦思惟，正觀依風相。
入息與出息，繫心隨憶念，憶念若不忘，是初功德住。
彼功德住已，復起方便求，更求功德時，住則生升進。
升進等起時，亦生功德住，是名住已進，進已功德住。
善解安般相，功德及諸過，息輕重冷暖，軟麁與澁滑。
阿那攝般那，是攝持諸根，於彼所緣境，攝之令寂止。

外散心數法，攝還義亦然，持風來入內，是故說阿那。
心轉於所緣，止令不復轉，心於所緣起，亦復制令滅。
修行觀若增，制之令從止，修行若止增，起之令從觀。
見增則以觸，觸增則以見，得證與智證，二增俱相攝。
修行緣不寂，意寂止攝來，身中清涼起，滅除諸熱惱。
掉踊不靜心，攝之令寂止，勤方便迴轉，其身悉充滿。
長養四大種，當知從息起，是種復增益，行者報四大。
阿那力能起，寂止善法分，我所大惡刺，亦能拔令出。
息短而漸滅，修行心安靜，是故佛世尊，說名為阿那。
復次般那相，是今當略說。毛孔諸竅處，先淨治息道，
前出名般那，始由入風起。修行出息時，諸根隨所緣，
心心法俱順，是亦說般那。出息歸於滅，乃入根本地，
正受及命終，斯由捨出息。修行出息滅，次第阿那生，

滅盡三摩提，第四禪亦然。般那既已滅，次第阿那生，
阿那時悕望，說阿世婆娑。我觀彼死者，定無有是相，
彼息更生者，觀有如是相，毒淤涇火蛇，此相似境界。
出息能攝意，不令隨所緣，猶如制象鉤，名波世婆娑。
捨除顛倒想，成就真實想，離自在及常，唯為空行聚。
本無所從來，去亦無所至，去來不可得，亦不須臾住。
慧智明見此，離諸知作者，出息無作者，見則墮顛倒。
出息已過去，彼則不可見，命斷諸息滅，過去亦復然。
安般諸功德，出息與入息，眾物及字義，我已略說竟，
是種增故說，未曾相離用。若為覺想亂，當習安般念，
已能應於數，則除內貪著。於數若隨順，是則離不順，
志在無亂境，能攝諸亂想。先數從一起，如是乃至十，
修行順此數，便得功德住。已得功德住，則能求升進，

滅一切亂覺，　佛說增上故。　數能滅一切，　覺佛但言滅，
一切不死者，　以增上故也。　內外出入息，　去則心影隨，
決定善觀察，　順是趣涅槃。　修行出入息，　隨到所起處，
如是知升進，　能離外貪著。　安止極風處，　三摩提等起，
三昧既已起，　便得功德住。　修行正住已，　種種觀察風。
先觀於本處，　謂風所從起，　此處為云那，　為一為二耶？
冷暖悉觀察，　八種如前說，　為總觀諸大，　唯在一種耶？
觀時悉俱有，　以一增上說。　修行觀風大，　造色從彼生，
唯心與心法，　依彼造色起，　非彼造色已，　而復有種大。
諸有入出息，　是風名依種，　報風及長養，　是為三種風。
或說入在前，　出者在於後，　或說出在前，　入者在於後。
皆有因緣故，　彼作如是說，　如其真實義，　慧者乃決定。
於臍處所起，　淨治毛孔道，　由此風義故，　彼說出在前；

毛孔已開淨，入者則在前。
息風最先出，是故說波那。
當知彼非受，謂受則不然。
是故出入息，於身復非受。
是則眾生數，必由命根起。
亦名根本依，眾生所由轉。
以能持命根，故說眾生數。
雖曰正思惟，而非真實行。
於觀有差別，次第今當說。
所謂從聞起，思慧與修慧。
一切時悉受，名字為境界。
當知彼緣名，時或復緣義。
悉已捨名觀，唯緣諸法義。

如人初生時，阿那入故起，
息風諸種大，割截不生苦，
以彼修行者，不患諸斷逼，
識命若斷時，息則不迴轉，
息則是身行，世尊之所說，
是息既已滅，命則無所依，
阿那般那念，緣風為境界，
一切所修觀，彼悉緣風起，
阿那般那念，分別有三種，
於是安般念，比丘聞慧生，
境界出入息，正念思慧生，
阿那般那念，所起修禪慧，
當知近境界，無有種種異，

亦非相續緣，說是等智行。謂是安般念，無癡智慧性，
亦名為捨性，是則佛所說。當知是慧性，捨根共俱生，
若使是捨性，則與餘共起。欲色二有繫，無色無身依，
非彼最後禪，身密無息故。或謂根本地，亦復是眷屬，
說言唯眷屬，非是根本地。欲使彼捨性，在於根本地，
阿那般那念，應當在八地。所言唯眷屬，如是說捨根，
知彼安般念，唯在於五地。此定在五地，依是處迴轉，
欲中間未至，及後二眷屬。最上頂四禪，彼雖有捨根，
無有於彼身，淨治毛孔道。第四及眷屬，彼中說二種，
報生與長養，唯無有依風。出息與入息，是風名為依，
以身極厚密，無依說二種。佛說出入息，四禪正受刺，
亦言咽喉處，明知有所說。是彼方便故，亦以禪義攝，
出息與入息，彼處定無有。修行觀出息，上際第四禪，

已極風境界，於彼正憶念。
或復更於上，少進重觀察。
修行如是觀，則能除疑惑。
當知如是心，則名除疑觀。
觀察所應已，復起餘所修。
是說修行者，迴轉巧方便。
修行如是觀，喜樂遂增長。
亦捨出息念，安處入息緣。
如是一切種，亦名為迴轉。
種種衆事觀，次第轉亦然。
當知是迴轉，修行智慧處。
聞慧念已度，次第思慧生。
是悉名迴轉，世尊之所說。

云何我是心，於緣究竟未？
或即於彼住，不作餘方便，
修行極風際，是處善觀察，
於上觀察已，依風還止住，
若彼觀風心，於還善決定，
如人遊聚落，所作訖已歸，
已捨入息念，安處出息緣，
於數已究竟，息去亦隨去，
觀察所應相，相相而迴轉，
善於迴轉者，說此迴轉義，
從彼方便起，勝道現生前，
已捨欲界行，然後入修慧，
從彼未至地，次第入初禪，

乃至第三禪，其轉亦如是。第四禪眷屬，若彼有風者，
是亦應迴轉，入於根本地。從彼起巧便，次第住起緣，
入出與優波，此六悉迴轉。捨共方便地，共地現在前，
捨共方便地，不共現在前。捨不共方便，不共現在前，
緣相方便地，展轉究竟地。是名上迴轉，明智所稱說，
如我智方便，已說迴轉義。無垢清淨念，今當次第說，
如今彼修行，須臾抑止蓋，是則為清淨，不淨非所應。
若已成就數，能捨內貪著，此義應當知，慧者觀清淨。
隨順已成就，能捨外貪著，如是正思惟，智者念清淨。
比丘心已住，不為亂所亂，如是不動念，修行智清淨。
若已於風際，觀察離疑惑，不復更求息，是則為清淨。
念地悉已竟，所依諸過惡，不為則清淨，是說須臾頃，
阿那般那念，方便道所攝。功德住升進，是義我已說。

修行勝道升進分第六

功德住升進，及餘方便攝，修行一切地，共地不共地。

功德住升進，彼依勝道起，種種相行義，今當說善聽。

梯㫋既已起，修行心愛樂，如是愛樂心，巧便功德住。

慧者善方便，起意勤修行，如其功德住，是則巧方便。

將入微妙境，勿隨流注想，慧者攝心住，如應善受持。

所住妙功德，澄淨無垢濁，具足無減少，清淨安隱住。

淳一普鮮明，凝定而不動，是緣由感有，時過復歸無。

色相次第起，種種衆相生，修行正思惟，身心生喜樂。

於是功德住，具足攝止觀，既能起身樂，心亦正安隱。

自地亦他地，功德住升進，是今當略說，修行廣分別。

修行三摩提，巧便隨順念，智者開慧眼，說名為功德。

心足處安立，說名功德住，聖道修對治，說名功德進。
對治諸聖行，功德住升進，隨地過惡心，所起悉能除。
修行勤精進，功德利增廣，信戒聞捨慧，無貪恚癡根，
欲精進慚愧，除喜不放逸，悅樂念定捨，正智餘善法，
如是一切種，自地離諸垢。其功德住立，即隨地對治，
是由精進力，助善長養心。何於彼地中，種數不攝受？
功德住升進，自地以廣說。自地善根力，他地功德生，
修行最勝義，此相今略說。自地既增上，餘勝淨法生，
當知是功德，他地而升進。無量行方便，一切諸度法，
種種對治相，他地功德起，謂於初念處，三念兼已修。
煖來及頂忍，世間第一法，見道思惟道，無學道亦修。
諸禪與神通，無量無色定，正法道品分，究竟漏盡智。
背捨一切入，妙願智清淨，身念善根力，乃起是諸法。

微妙功德相，一切隨順生，若住繫心處，是則自地相。
其相起在身，亦現亦復觸，有時說近果，有時說非近。
或復有與果，或空無所與，所謂近果者，是相近邊住。
若彼果不近，當知是相遠，若使現而觸，是即與果相。
雖現而不觸，空相無功德，譬猶無果樹，華繁而無實。
如人冷渴逼，遠見有水火，彼終不起觸，但見相亦然，
空無功德故，於身無快樂。喜悅極增長，息樂及寂止，
身心受斯樂，是說與果相。功德及餘法，自地與他地，
升進相迴轉，四種俱亦然。一切升進相，殊妙種種印，
蓮花衆寶樹，靡麗諸器服，光炎極顯炤，無量莊嚴具。
慧說為勝道，功德住升進，所起諸妙相，我今當具說。
修行者諦聽，於上曼荼邏，淳一起衆相，流光參然下，
清淨如頗梨，其光充四體，令身極柔軟。又復從身出，

漸漸稍流下，隨其善根力，遠近無定相，彼成曼荼邏。
勢極還本處，根本種性中，其相三階起，功德住五相，
功德進五相，不壞功德二，半壞功德二，盡壞功德一。
復還繫心處，住本種性已，流散遍十方，功德十相上，
各復一相現。又於流散邊，生諸深妙相，於彼深妙際，
復生深妙相，上下輪諸相，亦復如是現。於彼三階處，
種種雜相生，自相各已滅，唯彼總相住，諸雜既已無，
寂靜行迴轉。此三曼荼邏，境分猶不移，順本功德住，
自體如前說。入息三摩提，遍充滿下方，出息三摩提，
遍充滿上方。二俱滿十方，正受妙甚深，如是隨意者，
是謂法自在。清淨繫心處，無法而不求，既生有長養，
成就諸功德。如天曼陀樹，曼陀池生長，功德住升進，
種種衆妙相，是義我已說，修行善守持。

修行方便道安般念決定分第七

已說升進法，所攝諸功德，修行決定分，是今次第說。
善於出息念，入息俱亦然，出入諦思惟，分別具明了。
此則決定分，世尊之所說，一切諸善根，各各盡自相，
最勝無上智，說名為決定。彼諸修行者，安住決定分，
出息入息時，正觀無常相。息法次第生，展轉更相因，
乃至衆緣合，起時不暫停。當知和合法，是性速朽滅，
法從因緣起，性羸故無常。一切衆緣力，是法乃得生，
虛妄無堅固，速起而速滅。非常毒所毒，其性不久住，
修行如是觀，此則決定念。譬如運行天，息變疾於彼，
決定無常想，修行趣涅槃。非出息未滅，而有入息生，
非入息未滅，而有出息生，如是諦觀察，修行決定分。

麁澁利剌生，種種苦逼相，謂息出與入，一切時迫切。
於息能覺了，具足衆苦相，如是諦思惟，說名為決定。
自相無堅固，寂滅空無我，因緣力所起，從緣起故滅。
捨利有我相，常住不變易，如是顛倒行，一切悉遠離，
唯作真實觀，是名為決定。非我無牢固，亦無有自在，
非彼出入息，曾有覺知相，諦知無我故，是說為決定。
當知是智相，相似聖行名，此則為方便，非彼真實行。
比丘安般念，雜想覺所亂，既亂心不悅，應當從數起。
或從入息數，或從出思數，思亂覺觀想，由是究竟離。
慧者於入息，繫心行數時，一入數為一，不雜數出息。
專念不亂數，如是乃至十，捨彼十出息，從此得決定。
此則說具足，成就根本數，更有餘數法，修行方便起。
若於根本數，不能起決定，促息使易覺，方便令心生。

當捨二出息，然後數入一，定意心不亂，第二數成就。
若於二方便，猶不起決定，乃至越十出，然後數入一，
正念心不亂，次第至具足。是說修行者，十種數成就，
如上十種法，是則數究竟。於上更復捨，增數非修行，
修行如是數，是則數法成，成已應當捨，復進餘方便。
修行於數法，若復不成就，應更如前說，還從初數起，
方便成數法，便得決定分。數法已成就，慧者心隨順，
六種如前說，修行正方便。修行於六種，疾生厭離想，
不樂著生死，勤憂斷煩惱。修行心遠離，一切有為法，
當知是離欲，清淨決定分。或說長在前，或說短在前，
如其決定義，今當次第說。謂出息始起，說言短在前，
是說非所應，勢漸增進故，息去漸久遠，乃至未還間，
當知盡是長，謂短則不然。出息漸增長，未到究竟處，

是中所觀察，說名長中短。一心勤方便，專念正思惟，
增長至究竟，說名長中長。觀已風迴轉，捨離餘求想，
然後得決定，此則短中長。入息極短時，還到所起處，
於是所觀察，說名短中短。如是正思惟，修行善明了，
已得決定分，復進餘方便。滿身遍覺知，出入身行息，
修行如是覺，則為決定分。譬如火熾然，光炎則長遠，
薪盡火將滅，光炎還漸短。若更增益薪，光炎普周遍，
勢盡乃歸滅，四種風亦然。或說於長短，內外互立名，
或二俱長短，如是種種說。如彼汲深井，瓶下轉就遠，
既攝令還上，訖至復之短。譬如仰射空，矢發疾無閡，
其去漸高遠，勢極還自下。修行正思惟，觀察依風相，
初遠然後近，長短義亦然。猶如牽旋輪，屈伸互往來，
往遠名為長，來近則為短，息風迭出入，長短亦復然。

譬彼真諦觀，先苦而後集，觀息亦如是，先長然後短。
若初禪息短，第二禪息長，以違正受義，是說則不然。
於彼初禪中，息風勢極遠，第二禪息短，正受漸差別。
滿身遍覺知，則依第三禪。最後身行息，以離毛孔故。
此說諸三昧，隨順功德相。修行安住彼，不為覺想亂。
何故初禪中，唯說長無短？不捨諸所依，由是故息長。
彼以覺想力，能令息去長，第二捨諸依，勢羸故息短。
甚深修多羅，佛說山頂泉，涓流勢不遠，餘處無來故。
如彼山頂喻，第二依亦然，唯從其處起，是終不能遠。
彼說健士夫，負重而上山，竭力令氣奔，息風急迴轉，
既到安隱處，其息乃調適。是喻說彼息，前短而後長。
所說健士夫，負重而上山，以身力方便，是乃令息長。
如彼劣方便，不自力負重，以無力方便，息微故不遠。

譬如壯夫射，能令箭極遠，劣力無方便，勢弱去則近，
此喻應當知，是說長短義。修行細微覺，一切諦明了，
如是十六分，悉名為決定。如方便升進，分別功德住，
決定安般念，亦應如是說。如彼所未說，諸餘功德住，
是故我當說，如其決定分。觀察風所起，根本極清淨，
修行妙微相，則於是處現。於彼究竟處，摩尼寶三昧，
當知此功德，方便根本生。已說妙方便，根本決定分，
餘深正受相，一切如前說。

修行方便勝道決定分第八

已說方便道，所攝決定分，勝道決定相，是今我當說。
修行善決定，繫心處堅固，身受與心法，於是正觀察。
說有六種因，是能成就果，成壞各三種，修行決定相。

於是六種因，方便善觀察，是則能次第，疾得諸漏盡。
復更有餘因，種種成壞事，如是多無量，我今當略說。
何等為修行，水種所壞相？謂七日死屍，毀變相已現，
彼彼諸死屍，青黑瘀爛壞，已壞膿血流，惡汁相澆漫，
潰漏若分離，雜惡極臭穢，是悉水所壞，內身俱亦然。
乃至劫成敗，斯由水大力，水輪極沸湧，大地皆瀸壞。
從彼三禪際，周匝水來下，洪注極漂蕩，有物皆消盡。
一切情識類，百穀及藂林，土地地所生，悉為水所壞。
衆生水所壞，是皆依宿業，如上水災相，無垢決定說。
此諸一切種，皆從三昧地，修行果所起，當知是決定。
修行善繫心，安住三摩提，是能於所緣，明見彼種相，
此地熟時熟，充滿境界海。修行所見壞，水大決定相，
火大所壞相，今當說善聽。識類非識類，斯亦如上說，

及自現火然，一切皆消盡；乃至劫成敗，世界悉灰滅。
於彼火輪處，熾炎大火起，亦從二禪際，彌滿悉雨火，
盛火普周遍，世界俱洞然。於彼三昧地，正觀思惟起，
修行見此變，火壞決定相。風大所壞相，今當次第說。
如上諸種類，悉為風所壞，大地及須彌，分散若粉塵，
一切盡磨滅，是皆風大力。上際第四禪，下極風輪界，
災風從彼起，其中皆散壞。一切風所壞，智者見真實，
如是正思惟，風壞決定相。云何彼修行，常起深憂厭？
於前見苦法，隨憶念不忘，八苦大地獄，各增十六分；
彼彼眾苦類，無量邊地獄，眾生生彼處，隨行受眾苦。
我於此惡道，未離或牽來，如八大地獄，誰能盡稱說？
其中無量苦，難可得邊際，設人有百頭，頭各有百舌，
欲說地獄苦，窮劫不能盡。如愚黠地經，唯佛善分別，

我悉能究竟，無有能測者。
顛倒不善行，致此大苦果。
修行憶本苦，便得順涅槃。
受癡不愛果，種種苦報身。
空行水陸性，蚑行蠕動類，
一切諸畜生，展轉相殘食，
顧此而懷懼，心與厭患俱，
修行已如是，方便生厭離。
咽細如針乳，巨身如沃焦。
見天降甘雨，欲飲成炭火。
飲之令悉盡，不能止飢渴。
於中甚久長，受此種種苦。
亦如狂飈起，摧破久枯樹。

輪迴苦毒海，往返無量劫，
自見宿命時，是痛曾悉經，
闇冥心增上，畜生不淨業，
九萬九千種，形類各別異，
隨業各受生，宛轉此劇處。
我以愚癡故，悉增受此苦。
修行深憂厭，則於苦決定，
又復自憶念，餓鬼無量苦，
於此無數劫，飢渴極熱惱，
如彼四大海，深廣無崖底，
裸形被長髮，狀燒多羅樹，
業風飄東西，吹身令碎折，
我積慳貪行，不習惠施業，

故生餓鬼處，受此諸苦痛。三昧境界地，修行思惟起，
種種別觀察，便得不放逸。雖未斷煩惱，見此衆苦迫，
楚毒深憂懼，極厭生死苦。既厭能離欲，如觀掌中寶，
貪欲既已離，便速得解脫。譬如香美食，其中有蠱毒，
種種生死味，雜苦亦如是。亦如篋盛蛇，有人負自隨，
若能覺棄捨，不為毒所中。身亦復如是，四大為毒蛇，
智者能捨離，不為彼所害。如愚執火炬，急持即自燒，
明人知時捨，不為火所焚。樂著生死者，災炎常熾然，
若能覺捨離，不為火所焚。譬諸恐怖處，亦如被燒舍，
蚖蛇毒嗽聚，生死畏過是。譬猶空聚落，又如彼虛器，
諸法空無我，真實性亦然。此三惡道中，如是苦無量，
雖天有喜樂，是亦為大苦。譬彼盛火然，貪愛熾如是，
久處在天上，常為欲火焚。自憶忉利天，安處善法坐，

天女侍供養，無量極快樂。四園列寶樹，花果妙莊嚴，
隨意五所欲，一切曾悉受。時乘白龍象，遊觀諸浴池，
縱意林流間，迴顧彌日夕。食必須陀味，飲則甘曼陀，
充實無疑患，受樂如大海。又處內勝堂，天女進音樂，
妖艷極姿態，光色曜心目。妙音六萬種，常聞美軟聲，
耳目隨彼轉，令我心醉冥。諸天發微歌，聲與絃管諧，
偃臥聽音樂，寤寐皆憘悅。諸根迴五欲，猶如旋火輪，
須彌山王頂，安處快自在。百一衆雜寶，間錯莊嚴地，
諸天共娛樂，經歷甚久長。觸彼五境界，發動五情根，
一切悉奇特，皆是快樂因。諸天共器食，隨福有差別，
見此異色時，心則生憂惱。如是極愁慘，猶如地獄苦，
食此不淨飯，低頭內慚恥，悔責本宿業，令我致此苦。
諸天阿修羅，自守貪彼利，由是興諍怒，畏死大恐懼。

或為天給使，或復極貧窶，我雖生天上，無異惡道苦。
於彼恒樂處，衰死二五相，是相及命終，爾時最大苦。
方欲恣所樂，五衰忽然至，若見是相時，愁怖不自安。
天眼卒便瞬，浴已水著身，一切妙境界，其心不喜樂。
千種樂自然，加陵頻伽音，今則寂無聲，當知七日死。
玉女悉捨去，餘天共從事，見已生熱惱，命終入地獄。
唯有賢聖人，了達無常變，解脫生死苦，凡夫為燒然。
腋下流汗出，衣服卒垢膩，見已大恐怖，是則淨業盡。
華冠皆鮮嚴，而今忽萎熟，身體本光澤，一朝頓枯悴。
常所愛樂坐，今惡不復樂，是五惡瑞現，當知死時至。
唯有見諦者，無此諸惡相，我今說比丘，於是增厭患。
諸天及天處，衰變不久住，明智修行者，見斯無常變。
四寶須彌王，真金山圍遶，修行慧眼淨，見此悉融消。

又諸大鐵圍，周匝四天下，消壞非常相，行者見明了。
修行於天上，如是觀察己，復於人道中，思惟正憶念。
或時犯王法，斬截身手足，拷掠極楚毒，我悉遍經歷。
親戚永別離，悲戀為墮淚，設集著一處，過於四大海。
計我從本來，人中所受生，白骨悉積聚，高廣喻須彌。
流迴三惡道，楚毒無過者，人天所受苦，是亦多無量。
欲廣分別說，窮劫不能盡，三昧境界地，思惟所生果。
觀察善明了，修行深憂厭，我雖捨家業，不能成道果。
自謂為出家，未出生死獄，我雖棄恩愛，名曰捨所生。
而不能免離，癡愛業父母，徒自為人子，不從佛法生。
外假聖法衣，力不離癡惑，捨彼五欲利，依止出家業。
而於佛法中，不獲少功德，雖捨內貪著，而不得出要。
四念未成就，何從得心樂？剃髮毀形好，而不捨憍慢。

空失欲味歡，不得禪悅樂，於五無間業，未能定不起。
譬如無舟梁，而欲越深水，未入決定聚，復無生天業。
無明覆心眼，永沒生死淵，應勤業所務，無有無作果。
作者終不喪，修行宜善思，常受人信施，侵彼肌體分。
謂我有功德，自顧空無實，由此利養心，翳我善功德。
深思剋骨苦，即時興厭離，未脫諸惡趣，顛倒見所縛。
不向平等路，牟尼一乘道，得生難得趣，諸根悉具足。
值佛興于世，又得聞正法，而不捨苦器，未渡貪欲海。
拔刀五惡賊，是亦未摧滅，如是正觀時，修行向解脫。
作是憂厭相，則便生決定，身為不淨器，三十六充滿，
譬如大地種，生育衆雜類。身為隱覆聚，亦常假澡浴，
聚沫撮摩法，不久必當滅。譬如毒蛇篋，四大篋亦然，
八萬蟲中舍，常共競侵食。是身為災宅，四百四病惱，

種種苦不淨，一切內充滿。譬如故空舍，亦如丘塚間，
坏器無堅固，說身亦復然。無量眾惡聚，虛妄非真實，
顛倒起貪著，長夜嬰楚毒。將復處胞胎，數數受生苦，
不見真實法，生死輪常轉。始受迦羅邏，次生泡肉段，
漸厚成肢節，五種胞胎苦。幽閉無日獄，生熟藏所迫，
長養於行廁，臭悶不淨苦。出胎受生苦，輪轉老病死，
一切諸陰起，三相所迫切。觀色如聚沫，受如水上泡，
想如春時炎，眾行如芭蕉，識種猶如幻，虛妄無真實。
逼迫是苦相，因緣是集相，寂靜滅盡相，出要是道相。
於此四聖諦，修行漸觀察，思惟十六行，解脫生死苦。
略說一切法，自相及共相，明知決定義，修行正觀察。
修行然慧燈，正觀四真諦，能斷惡趣分，離諸受胎苦。
不復樂受身，嬰世之苦惱，捨除利養行，獨處修遠離。

已能修厭離，不味生天樂，況復著人間，忍受諸苦痛！
觀種如毒蛇，陰為五怨賊，自覺貪欲患，長夜密侵害。
六根如空聚，塵賊競來集，於此內外入，修行真實觀。
見愛如大河，涅槃如彼岸，修行慧眼淨，觀法空無我。
如是知真實，不樂處三有，明見諸法者，略說三成相。
及前說三壞，方便勤修習，次第相行義，是今當更說。
一色種種觀，一一四種因，決定知因果，究竟身念處。
受與心相應，觀時惟自體，因緣果無量，其相同種性。
修行思惟起，悉依所依現，心猶不調馬，如幻如猨猴，
無量因緣相，一切現所依。二陰空無我，次合觀想色，
想合受與識，行二亦如是，次第想色受，想色識亦然。
分別想受識，行三同想說，四五漸和合，思惟壞自相。
總緣五盛陰，七處三種觀，悅樂廣境界，還滅觀生滅，

一念見真實，具足法念處。
定慧轉增廣，彼則煖法生。
自身欲火燒，三界盡熾然，
初觀四聖諦，真實十六行，
見佛身相好，無量諸功德，
聖衆功德海，甚深無崖底，
見已心歡喜，頂法具足相，
惡道熾然滅，遊息清涼處，
先觀無量苦，次見苦種生，
滅已然後觀，八聖平等道。
空寂無衆生，不自在無我。
種生故說起，興果名為緣。
清淨離三有，覺說為妙出。

正觀陰種相，如化夢水月，
其心極寂靜，總見五陰相，
諸相三三昧，正向解脫門。
成就煖法已，增進真實觀。
第一寂滅法，清淨離煩惱；
種種微妙相，現身及境界。
增進生法忍，五趣現境界，
中住經生死，最上唯一心。
種轉增廣大，漸見苦集滅，
變滅無常相，麁澁逼迫苦，
苦種是因緣，衆緣合為集，
苦集盡故滅，滅靜說寂止，
經路是道相，平直說正義，

進向謂之趣，乘出故說乘。四諦十六行，具足真實歡，
忍法次第生，世間第一法。聖行正受地，得是三決定，
見道思惟道，次第漸究竟。一切微妙相，各各隨地起，
成就實智慧，具足諸功德。當知上所說，修行決定分，
諸有明智者，應作正方便。信勤勿懈怠，常起欲慚愧，
於諸梵行者，常當愛恭敬，自守修淨戒，威儀令安諦。
假使得利養，少欲知止足，易滿亦易養，適身知量食，
亦如人膏車，不為貪味故。曉了一切有，所生悉過患，
思惟善觀察，三有如火然。如彼重病人，信受醫方療，
聞善知識說，觀察諦思惟。常以清淨心，繫身莫放逸，
寂嘿少言說，宴坐思實義。丘壙林樹間，閑居修遠離，
無事樂山巖，窟中露地坐，樹下敷草葉，如是清淨住。
修行內思惟，勤習無休懈，專精求己利，遠離退住過，

必能得升進，　決定功德分，　修行勤方便，　具足諸善根。
我以少慧力，　略說諸法性，　如其究竟義，　十力智境界。

達摩多羅禪經卷上

達摩多羅禪經卷下

東晉三藏佛陀跋陀羅譯

修行方便道不淨觀退分第九

如我力所能，　已說安般念，　修行不淨觀，　次第應分別。
不淨方便觀，　思惟念退滅，　明智所知相，　是今我當說。
修行初方便，　自於身少分，　背淨開皮色，　觀其所起相。
雖暫壞皮色，　不力勤方便，　淨想還復生，　說名修行退。
不能起所應，　重令皮色壞，　淨想仍不除，　亦名修行退。
修行愛欲增，　應往至冢間，　取彼不淨相，　還來本處坐。

所見諸死屍，　我身亦復然，　一心內觀察，　如彼冢間相。
彼為我作證，　由是得真實，　已得真實相，　不復起邪想。
如是方便修，　慧眼猶不淨，　當知是顛倒，　無智癡冥聚。
若於足指緣，　闇亂心不住，　當於上繫心，　觀察求升進。
於上壞色處，　其心復馳亂，　當力勤精進，　方便離退過。
勿為煩惱染，　令不至解脫，　自勉勤方便，　疾得到涅槃。
自於身壞相，　繫念無分散，　日夜勤修習，　莫令煩惱起。
修行微妙想，　世尊之所說，　常能守護想，　是終不退減。
具足觀內身，　其念已堅固，　次應觀外緣，　漸習令增廣。
於外已周滿，　堅固三摩提，　當知是不久，　次第盡諸漏。
如王無器甲，　安足不堅固，　而欲禦怨敵，　必為彼所害。
修行於自身，　愚癡未決定，　而欲觀外緣，　是必於行退。
我已說比丘，　無黠故修退，　更有餘退過，　今當說善聽。

當知修行退，沒在癡冥故，或為盛煩惱，業行所障蔽。
有人因色欲，而起煩惱退，於彼美艷色，癡愛覆正念。
種種上衣服，文彩發光澤，瓔珞莊嚴具，金銀衆妙寶，
於先俗所樂，修行還顧戀，因此動欲想，當知是必退。
形相計端嚴，處處著姿好，一切身肢節，妄想起貪欲。
身體諸肢節，細滑柔軟觸，憶此本所更，欲火還復熾。
或泣或言笑，歌舞相顧眄，綵服貫珠環，文繡莊嚴具，
來去若容止，流轉行者心，顧念是威儀，欲起令退轉。
有人情欲深，不專在四種，愚癡增煩惱，遇形起婬亂。
是則極惡欲，疾令修行退，由是諸愛欲，迷亂失正念。
相與想明了，是終不退轉，諦自見內身，次外善觀察。
境界廣增滿，周匝見嶮岸，不識究竟處，修行疾退沒。
於身深愛著，怖異不能進，修行生疑怖，是必疾退減。

若欲離疑怖，　於身修厭患，　厭患想已生，　其心猶馳亂，
當知修行者，　是必復還退。　已說諸修行，　不淨方便退，
若於勝道中，　退亦如前說。

修行方便不淨觀住分第十

我已略分別，　不淨退減分，　如其住過相，　今當次第說。
修行煩惱業，　增長內充滿，　不曉知度法，　愚癡縛令住。
自於身少分，　背淨壞皮色，　不知升進法，　煩惱增故住。
或有漸升進，　遍身見壞相，　不能求外緣，　樂觀內身住。
若於外境界，　修行心樂進，　欲去應隨去，　方便勿令住。
未見究竟處，　而便中路止，　癡冥住所縛，　猶如象繫樹。
骨想有堅相，　其體密無間，　不次行衆想，　亦不求升進，
又無厭離心，　亦不能決定。　修行雖成就，　不淨奇特道，

不能起勝想，令其身柔軟。若不柔軟身，流覺則不生，
不能生流覺，是說修行住。

修行方便道不淨觀升進分第十一

已說不淨觀，方便道住過，若於勝道中，住應如前說。
今當次第說，不淨升進法，先總相思惟，繫念不淨緣。
次住身少分，正觀察自相，自在及外緣，二種說無量。
行者於內身，自在三摩提，勤習正方便，周滿究竟處。
外緣無量者，境界普周遍，而於彼正受，不能數自在。
又自觀內身，是亦說無量，謂於自身處，種種衆多色。
筋連與肉段，其數各五百，提賴與揵大，是皆有六種。
三十六動物，三百二十骨，節解九百分，九十千種脈，
宣氣通諸味，三萬六千道，身中諸毛孔，九十九萬數。

身內侵食蟲，戶有八十千。內血外精氣，是二共和合，
先得迦羅邏，身根與命根。是身不淨起，出自迦羅邏。
結業之所起，愚惑生樂著。二種重煩惱，愛恚癡冥心，
謂初受生時，興二顛倒想。於內生愛欲，於外起瞋恚。
男有如是想，女則上相違。不淨迦羅邏，迦羅邏起泡，
從泡生肉段，漸厚成支節，出胎名嬰兒，轉次為童子。
如是漸增長，盛壯謂中年，年逝形枯悴，朽耄日衰老，
識滅壽命終，身壞白骨現，青毀節節離，消碎盡磨滅。
如是十五種，修行觀自相，始從迦羅邏，次第衰老死，
七日漸毀變，乃至灰滅盡。宿世曾修行，先從迦羅邏，
出生至老死，次第諦觀察。白骨青赤相，肢節皆離散，
骨瑣及羸朽，腐壞盡磨滅。彼諸修行者，思惟不淨念，
有從因觀察，或果方便學，成就深妙慧，能了是相義。

觀察迦羅邏，乃至一切分，四大和合淨，造色五情根，
無量極微種，一切從彼起。當復更觀察，死後次第相，
日日漸變異，乃至於七日，無復有來去，視瞻笑語言，
容止悉已滅，捨離威儀姿。死屍漸漸異，其色日毀變，
青等諸不淨，如是次第現。膖脹膿爛潰，流漫極臭處，
種種諸蟲出，見已離色欲。觀察本所著，已壞食不盡，
離散在處處，能滅全具欲。自見枯朽骨，無復滋潤相，
久故極麁澁，能離細滑欲。腐碎若塵塺，磨滅無所有，
成就如是相，遠離有形欲。五欲亦五壞，隨病而對治，
相對真實相，修行正觀察。色變若離散，威儀容止滅，
羸朽及磨碎，是名五種壞。此則自身中，無量諸境界，
修行正憶念，悉能得自在。已說二無量，自在及境界，
修行不自在，亦已分別說。於是不淨念，聞思與修慧，

正觀開慧眼，是說有三種。作想有二種，時復不想住，
俱開解思惟，或時非開解，第三性無垢，離垢清淨住。
不想不開解，是慧修禪起，起身寂止樂，餘二則不能，
心亦寂靜樂，是名為修慧。滋潤身柔軟，此則寂靜相，
二俱不柔軟，當知非寂靜，彼二不寂靜，一則安隱住。
是說色有中，修禪所起慧，不淨觀一智，依止十地起。
根本及未至，亦說欲中間，依住一界身，境界於欲色，
化生既命終，即滅無不淨。身淨無餘穢，不能起厭患，
唯觀彼生滅，變易無常相。胞胎所生身，則有死屍形，
於身起淨想，不淨觀對治。不求止貪欲，思惟習厭患，
更有淨對治，不作厭患想，方便淨解脫，智者開慧眼。
謂於不淨緣，白骨流光出，從是次第起，青色妙寶樹，
黃赤若鮮白，枝葉花亦然。上服珠瓔珞，種種微妙色，

是則名修行，淨解方便相。於彼不淨身，處處莊嚴現，
階級次第上，三昧然慧燈。從彼一身出，高廣普周遍，
一切餘身起，莊嚴亦如是。此則淨解脫，方便不淨觀，
若能須臾頃，修習此勝觀。是則順佛教，堪受一切施，
世尊所稱歎，三界良福田。說餘一切相，功德亦復然，
白骨青瘀想，成就心厭離，因是不淨念，方便度諸地。
所謂身念止，受心法念處，煖來及頂忍，世間第一法，
見道及修道，乃至漏盡智。因是方便度，一切功德地，
從初身念觀，乃至究竟處。佛說不淨念，一切諸種子，
世尊說貪欲，利入深無底。正受對治藥，當修厭離想，
一切餘煩惱，悉能須臾治。我已說不淨，方便升進法，
餘有勝道進，相行如前說。

修行方便道不淨決定分第十二

不淨升進分，相義我已說，今當說修行，不淨決定分。
不為惡戒縛，亦非業煩惱，心不背解脫，歡喜常志樂。
如是隨順生，麁澁四大滅，柔軟寂止樂，三昧於中起。
從定生智慧，修行能厭患，厭想已修起，則能離有愛。
思惟離有愛，解脫實智生，已生解脫智，於縛得解脫。
從是得無為，究竟離三有，是說名修行，成就決定分。
天王五威相，觀相壞煩惱，漏過漸衰薄，由是究竟滅。
人王有五相，獸王相亦然，諸地相明了，說名為決定。
動身四顧視，奮威暢大音，自在獨遊步，師子王威相。
於此十五相，修行生決定，能令彼地中，一切諸垢滅。
繫念三摩提，出諸煩惱縛，惡露不淨想，能生厭離心。

青瘀等諸想，修行善決了，更有餘三想，明想及觀想，
第三說空想。修習寂滅慧，淨色及自身，所起諸煩惱，
貪欲瞋恚癡，從是正觀滅。此一一諸想，各三想眷屬，
能除貪欲等，結縛使惱纏。是諸一切想，明審善觀察，
是名修行者，決定不淨想。久故朽白骨，踈瘠羸相現，
破碎若塵壓，一切悉磨滅。從下次第起，方便壞所依，
淨慧之所說，修行決定相。無量深妙種，一切普周遍，
彼決定真實，生如金翅鳥。次起清淨地，平坦極莊嚴。
勇猛寶師子，牛王若龍象，此諸未曾類，處處決定相。
始因不淨生，亦從不淨長，初起迦羅邏，住於不淨中。
觀彼七日住，念頃不暫停，修行善明了，是則說決定。
如是一切分，悉能知相義，明見彼真實，念念有生滅。
因習諸骨想，修行覺意生，能起覺支想，說名為決定。

彼諸修行者，分別三種想，或有始習行，或已少習行，
或有久修習，是悉近決定。隨彼智慧力，趣向有差別，
初業者始起，少習心已住。久學能趣緣，是說三種修，
初業名始種，第二為長養，最後能捨離，說名為決定。
不淨有二種，或共或非共，如前三眷屬，是離共不淨。
聞思與修慧，三種不淨念，於此一切種，修行諦明了，
善分別離欲，是說名決定。

修行觀界第十三

安般不淨念，退住與升進，決定真實相，悉已分別說。
修行界方便，廣略差別相，甚深微妙義，今當次第說。
有因先修習，安般不淨念，然後觀諸界，安樂速究竟。
自以方便度，此苦難成就，頂上兩眉間，繫念令不亂，

寂止潤澤生，三摩提增長，所依已柔軟，三昧安不動。
擾亂不淨心，智者悉調伏，已隨調伏心，安住修行處，
是處起明想，一切身分現。初從一髮始，如其相憶念，
於一見自相，然後總衆髮，次第三十六，自相總亦然。
佛說三十六，各各有住處，或時彼諸界，合聚內觀察，
猶如明眼人，開倉見五穀。時復有逆順，超越次第觀，
一界藉其下，餘種悉處上，次第相連持，一一知其相。
雜色不雜色，周滿悉觀察，止心在一處，境界遍十方，
處處安置已，依是勤修習。一髮為百分，思惟正憶念，
復於一分中，分別五種界。次於空界上，識相別觀察，
修行見無垢，清淨妙相生。譬如水上泡，明淨無障翳，
是處觀諸界，各各見自相。水濕地堅強，風動火燒熱，
虛空無障礙，別知是識相。青黃赤白綠，及與頗梨色，

於此眾雜色，修行具足觀。虛空堅固相，彌廣周遍住，
難沮喻金剛。金剛慧能壞。於上曼荼羅，則有熟相現，
譬如火熾然，能破彼堅固。或見生疑怪，其心大恐怖，
明者能決定，增益諸功德，已壞虛空界，能起升進相。
融壞若流注，復碎如塵壓，修行見真實，則生解脫相。
空界既已壞，上諸界亦然，是則壞相上，有餘壞相起。
若復餘一種，於上觀諸界，次第普周遍，俱壞如前說。
觀察六六種，六三及四二，如是六十二，世尊略說界。
色壞有三種，剎那世極微，無色唯二種，無為無壞相。
修界不淨念，則能捨貪欲。順界方便觀，是治我慢藥。
觀界四無量，除滅瞋恚毒。阿難說是言，當修五念處，
世尊告之曰，更有第六念。髮毛爪齒骨，筋肉厚薄皮，
肪𦟛髓腦膜，脾腎心肝肺，胞胃大小腸，屎尿膿涕唾，

垢污諸血淚，黃白及痰癊，三十六不淨，觀察三種界，
是中濕相水，火熱地堅強。諸有形色處，內外飄動相，
出入息語言，通利等迴轉，一切總說五，是相名風界。
眼耳鼻舌身，毛孔咽喉空，山巖室宅中，內外無障礙，
如是一切種，悉名為空界。於彼六情根，所生諸識種，
如是多無量，總說名識界。佛言應當知，六界非有我，
不觀陰界相，計我及我所，一切內外界，是處意迴轉。
從是意行處，三受十八種，六觸及四處，世尊之所說。
愛慢諸煩惱，悉於是中起。是身眾微合，虛妄空無主，
非我非眾生，迷惑計真實，佛告羅睺羅，觀界悉無常。
如是六種界，說從六處起，修習六巧便，六時各觀一，
色處悉具足，無色唯識界。彼種所依處，相行地境界，
對治與所治，如實知分數，身中諸界種，還自生苦惱。

譬如養毒蛇，終為彼所害，四大生造色，即共造色住，
和合相間錯，還為四大壞。不淨方便觀，先於造色起，
安般方便念，要從四大始。若彼修行者，增廣二方便，
四大及造色，和合等觀察，始入根本處。彼先壞造色，
入已然後觀，所因四大壞，定慧漸增廣，念處具成就。
和合總觀察，一切悉寂滅，彼三十六物，臭穢壞磨滅。
此三與十想，修行增厭離，佛說是根本，能及一切惡，
四十九種法，三昧於中起。修行諦觀察，自身及欲界，
無量不淨種，穢惡悉充滿，眾苦所逼迫，盛火極熾然。
無常變壞相，見已生厭離，色界相似種，微妙相顯現。
深樂求出離，增進厭患想，有覺亦有觀，離欲生喜樂，
寂然入初禪，內外悉清淨。所依及境界，如練真金像，
自身處梵世，於中極娛樂，又見五支相，身及境界現。

第二滅覺觀，內淨心一處，從定生喜樂，四支身內現，
所依及境界，譬如真珊瑚。第三處離喜，行捨念慧除，
身受樂三昧，五支相明了。所依青琉璃，清淨甚微妙，
緣少身無量，諸根次第起。第四斷苦樂，憂喜先已滅，
不苦不樂捨，念淨三摩提，如是四支相，現身及境界，
出息入息滅，所依極淳白。過色滅有對，是說入空處，
過空相識定，過識無所有，過是無所有，非想非非想。
善知諸界相，不味亦不縛。清淨四梵行，高廣無有量，
慈悲普周遍，喜捨亦復然。根本四禪中，修起五神通，
三昧現在前，繫心觀自身，作輕及軟想，漸舉不令動，
境界現在前，離地如胡麻，稍進如大麥，轉次高四指，
此床至彼床，漸漸能隨意，飛行及變化，自在無障礙，
是名修行者，微妙神通力。繫心於自身，禪定現在前，

諦取外音聲，如其實皆聞。繫心於自身，禪定現在前，
觀他心所念，一心皆悉知。繫心於自身，禪定現在前，
自憶念此生，從胎及中陰，漸見前身事，乃至百千劫，
一切諸所更，如實憶念知。繫心於自身，禪定現在前，
觀察衆生類，生死及形色，隨其業果報，中陰五道生，
修行天眼淨，一切如實見。根本諸地中，無量餘功德，
修行心自在，一切悉具足。所謂八背捨，勝處一切入。
背捨相有五，不淨與淨相，色相煩惱識，略說是五相。
勝處先自身，內色外少色，若好若醜一，外多二亦然。
內無有色想，外觀少多色，二俱若好醜，是前四勝處。
後四內無色，外青黃赤白，一切入四大，四色與空識，
觀外及內身，一相無差別。諸辯妙願智，無諍三摩提，
逆順與超越，無量三昧門，明智決定觀，具足五種滿。

一身二境界，　定相普周遍，　第三憶念滿，　修行喜厭捨，
第四諸地滿，　十處相明了，　三乘根具足，　是說第五滿。
界方便成就，　久遠癡冥滅，　能令意清淨，　無垢如虛空，
如是諸功德，　一切悉究竟。

修行四無量三昧第十四

修行者若欲廣修慈心，先當繫心所緣，漸習令無量。滅除過惡，心不諍競亦無怨結，無恚清淨。謂於親、中、怨三種九品眾生無量無數，安處十方盡三分際，淳一樂行，唯除國土世界。於眾生世界周普總緣成就遊，行者修慈方便，先等心思惟總緣一切眾生，令心堅固滅除瞋恚，而起慈心，是名總觀慈無量三昧。如是總觀猶為瞋恚所縛者，當於上親修別相慈，次於中親、下親、中人、怨家次第修習九品慈心，漸離瞋恚，心生愛念與種種樂具；與是樂已，然後於一切眾生起法饒益心，修三種慈：廣大慈、極遠慈、無量慈；捨除瞋礙住仁愛心，隨其所應

功德善根，一切佛法皆悉與之，謂與種種法樂修種種慈，先與出家樂，次與禪定正受樂，次與菩提樂，次與寂滅樂。彼修行者本曾所更及所未更種種樂具，自得他得清淨善根，乃至無上寂滅究竟無為，隨其修行意所想念，無量法樂等與衆生相現在前；樂想起已，一一觀察以相自證，便得決定，猶如明鏡因物像現。慈三昧鏡亦因樂事，種種樂相悉現在前。

或時修行為瞋恚所亂，作是思惟：「我從本來由是瞋恚多所殺害，興諸罪逆入於惡道，於大地獄還受苦毒，或作蜂蠆、蜈蚣、毒蛇、惡龍、害鬼、羅剎，如是種種毒害之類，今不除滅復見燒迫，以是方便能止瞋恚。」又復思惟：「罵者、受者彼我無常須臾不住，二俱過去惡聲已滅後起，二人無故共諍，又今二人念念即滅虛妄無實，誰罵誰受？何為顛倒與空共鬪計我？耳根從虛妄顛倒煩惱業起，彼人舌根亦復如是，因緣生滅誰罵誰聞？」修行如是思惟時，瞋恚縛解能修慈心離垢清淨。如佛說：「修慈者於四念處能得決定修習增廣，成就無量法門勝妙道果不復退還，是則三種方便大慈。」若已離欲更修淨妙離欲慈心，深心饒益增廣無量得真實果，因此功德具足所願究竟涅槃。所以者何？一切諸佛說慈為無畏，慈為一切功德之母，慈為一切功德鑽燧，慈能消滅凶暴諸惡，是故修行當勤方便，修離欲大慈。

悲無量者，如慈境界怨、親、中人，悲亦如是次第修習。如佛言曰：「饒益眾生說名慈心，除不饒益說名悲心。」若先於眾生起饒益心，以種種樂具悉施與之，然後觀眾生，唯見受樂，是名慈心；若先觀眾生受無量苦，起除不饒益心，然後見眾生除不饒益，除不饒益已受種種樂，非與樂也，是名悲心。見淨相是慈，見虛空相是悲；樂行是慈，苦行是悲，是則差別。謂修行者見諸眾生兇暴、諍怒、殘賊、殺害，共相逼迫無有覆護，如是見已而起悲心，為作覆護；又見眾生斬截身首、耳鼻、肢體，苦痛無量無能救者，修行見已而起悲心；又修行住悲心時，見五趣眾生苦痛熾然無量燒迫，深起悲心興救護想，如是修行悲無量善根生時，無量功德相現；若見此眾生受無量苦而不起悲，是則極惡無善根人。如是大悲一切諸佛本所修習，由是究竟一切智海，行者若能具足修習，當知不久必到是處。

喜無量者，謂修行於慈境界，以六思念等諸善功德無量佛法，及自身成就戒、定、智慧、一切功德，饒益衆生，自樂、他樂盡皆與之，見一切衆生得法樂已，其心歡喜；其心歡喜則憂慼滅；憂慼滅已，一向欣悅踊躍歡喜。念言：「快哉！永使安樂。」於一切衆生歡喜時，見有樂相輕微明淨成就此相，名為喜無量三昧。如佛說：「修集喜等乃至識處。」

捨無量者，捨怨親已等緣中品，此唯是衆生無有差別，離慈悲喜唯作衆生行近境界近相。是故世尊說捨種種捨各自有相，捨無量不與彼同，謂平等清淨離苦樂相，捨相似相現，是名捨無量三昧。世尊說：「修捨無量乃至無所有處。」已略說四無量相，餘種種甚深相，行者應次第修習。

修行觀陰第十五

若修行者久積功德曾習禪定，少聞開示發其本緣，即能思惟觀察五陰，了達深法滅除生死，猶如大風飄散重雲，亦斷一切魔所樂法。觀五陰義，今當說修行者，內自思惟欲渡煩惱海，起離欲生潤澤，自身快樂奄溢四大滅，隨順四大生，攝諸亂意能趣究竟成就智慧。若根本觀處堅固明淨，能起三昧，離諸亂想滅除煩惱，諸微妙相於是悉現如淨妙瑠璃、如水淨泡。行者見此明淨無垢相起，善念守持心不放逸，既不放逸則熟相起，熟相起已壞相現，壞相現已唯起法想一切寂滅。如是修行法相具足成就，得增上厭離意，堅固精進不可動轉，得甚深三昧、堅固三昧、不動三昧。修行住是三昧，能起五種明淨三昧遍照五道：月光三昧、日光三昧、淨瑠璃三昧、練金光三昧、無垢頗梨三昧；因此五種明淨三昧，復生光耀三昧、遍光耀三昧、無量光耀三昧。

復次，修行者因五種壞相能壞諸緣，一曰、穿，二曰、剝，三曰、裂，四曰、壞，五曰、滅，以是五壞相壞一切法。修行五種三昧，壞境界悉清淨已，次復生五種三昧相：師子王三昧、龍王三昧、金翅鳥王三昧、牛王三昧、象王三昧，心無放逸故起此雄相。修行住此獸王三昧，各隨其類一切悉攝；又三昧力男女十相起隨類相，攝一切衆生於是悉現，若能分別此諸三昧相而不恐怖，是則名曰一切諸法自在功德。

復次，修行者於明淨境界觀察陰流，從一處出分為二分，如是觀已還合為一，一一流中復見五相，相各別異布列境界，布列境界已，還合為一；色如聚沫，受如水泡，觀想如炎，行如芭蕉，觀識如幻，是五虛妄欺誑之相。修行如是觀已，其身安隱柔軟快樂。復觀流所起處無垢相現，如水淨泡，漸漸增長充滿其身，修行心不放逸，專念受持，持已淨相增廣周遍覆身，如明淨泡離諸過惡，更勝妙智生乃壞是相。是相既壞，彼流流下遠注無量，如淨頗梨極知境界；極知境界已，從彼攝還成曼荼羅，更有異相充滿本處，然後流至十方無量世界，至十方已各住自相。爾時，修行明見無量色種，猶如山水漂積聚沫，一切受相如大雨渧泡，種種諸想如春時焰行，如芭蕉無有堅實，觀六識種猶如幻化，如是種種虛妄但欺誑愚夫，是名修行觀陰自相。觀陰自相已，復以智慧自照其身，專念觀察，觀察時見周匝熾然相起身處，其內有種種雜華、淨妙珍寶周匝遶身，又自見身種種雜寶諸功德相微妙莊嚴。修行見是諸相已，慧眼開廣，自顧其身周遍觀察；觀察已復外觀陰相，盛火熾然即生厭心，勇猛精進欲度生死無邊苦海。修行於五陰熾然相厭離已，離欲相、解脫相、涅槃相、一切功德相次第起現。

復次，修行者具七處觀，觀五陰苦、集、滅、道，復觀因愛生五陰厭患出離，如是於真諦中方便種子慧生，於是七處善修三種觀義，自相觀成，成就決定堅固已，然後得無垢息止修慧，是慧起已，境界平正淳一無雜。復次，得勝妙無垢思慧決定觀，五陰興衰念念磨滅見真實相，譬如毒飯食者必死，修行觀五陰三相所雜亦復如是。一念生一念苦，即一念時亦生亦住亦滅，彼念生時即與苦俱生，是故一念一念即壞。修行觀五陰如是生滅，破壞虛偽無常過惡，即起無常行、苦行、空寂行、無我行、穿漏法、不實法、速朽法、破壞法，如是無常義，如修多羅廣說乃至百句。修行盡行如是諸相，知諸法真實便得解脫，以賢聖地三昧想行，觀此非常相，便起深憂厭，見有為過患不樂三有。

復次，修行者若觀生則非滅，若觀滅則非生，如是則不生聖行，要一心一相正向解脫然後智生，是決定聖行。聖行既起，一切法相寂滅無餘，癡愛煩惱及諸罪垢能轉苦陰者皆悉除滅，滅已其心調伏。是見五陰無我亦無我所，以無常諸行觀察苦陰，觀察苦陰有八苦逼迫，於八苦相成就八行，所謂如病、如癰、如刺、如殺、無常、苦、空、無我。四是聖行四非聖行，於苦陰決定觀其真實，如是四諦十六聖行，是則修行煖法初相。於真諦地得真實慧，觀察苦陰如燒鐵丸亦無堅固，向涅槃背生死，不貴有不樂生，譬如群獸獵師圍逼，以怖急力故超勇奔出。修行如是，見生死熾然大苦圍迫，以厭智力超出無礙。

復次，修行者思慧生時煖法種起，息止修慧生時煖種增長，到煖自地煖相滿足。息止修慧生時頂法種起，煖法生時頂種增長，到頂自地頂相滿足；煖法生時忍法種起，頂法生時忍種增長，到忍自地忍相滿足。復次，於五陰悅可名為煖法，煖法觀五陰於三寶悅，可名為頂法，頂法觀十八界於四諦悅，可名為忍法，忍法觀十二入俱觀三種，隨彼善根一增上，故說有差別。是一切盡觀真諦，但忍於真實觀增，煖法想增，頂法信觀喜增，忍法智慧增。復次，修行有三種緣，謂上下諸方三種善根，依此三緣各一增上故說。復次，三種修：煖依厭離、頂依觀喜、忍依平等捨，亦隨彼善根一增上故說，當知一種修盡成就三法。

復次，修行當知譬如有人，有五怨賊拔刀隨逐常欲加害，前後五陰轉相煎逼亦復如是。佛言：「欲求阿鼻三磨耶當作達磨摩那斯伽邏，常觀真實義以聖行刀斷除陰賊，莫如劣夫不能執杖，為彼所害，乃至一切賢聖皆應勤修如是正觀。」為現法樂故，為後世作大明故，斷一切苦本故，饒益衆生故，況於凡夫空無所得，而自放逸不勤修習！

觀五陰竟，達磨摩那斯伽邏：達磨法謂世間第一法也，摩那斯伽邏謂一經心，譯者義言思惟。

修行觀入第十六

六入各於境界縛，無智衆生貪欲心故，常起淨想。修行當知於諸根境界防制非法，攝心所緣繫令不動，正觀六入譬如空村離我、我所，不定義是入處義，牽下義是入處義，能將眾生入惡道，又內入相如燒鐵鏘，如極利劍亦如利刀。佛言：「若觀此相則能捨離。」

復次，觀外入惡賊劫善珍寶，若修行捨正念，開諸入門馳縱六境，六境惡賊劫奪淨戒，失諸功德，如鳥無兩翼而欲飛空，人無兩足而欲遠遊；修行如是，毀淨戒功德故，止觀兩翅永不復生，欲出生死是終不能。如破瓶盛水須臾不住，破戒比丘亦復如是，三昧法水念頃不住。如天德瓶守護不壞，常出珍寶隨意無盡；修行如是，不毀淨戒則常出生聖功德寶。輕壞德瓶珍寶即滅，若破戒瓶則永失法寶，譬人截鼻照鏡不自喜樂，破戒比丘亦復如是，內省其身心不自悅。百穀藥木依地而生，諸善功德悉依淨戒，如栴檀塗身能除熱惱，淨戒清涼能止欲火；如如意寶珠隨所著處熱時清涼，淨戒如是於煩惱火中能息熾然。犯戒比丘自惟罪深，身逝命終必入惡道，心常憂悔死時恐怖；淨戒之人心常歡喜，生無憂悔死時安樂。淨戒為梯能升慧堂，戒為莊嚴具，亦為善戍衛，戒能將人至於涅槃。戒為良地生十善種子，教誡師水隨時灌溉，信根則生，無漏陰為幹，四如意為芽，慈心為枝條，少欲知足為柯葉，七覺意為華，解脫智為果，寂滅法為甘露，戒香流出一切普熏，賢聖鳥王棲宿其間；悲為重陰清涼廣覆，辯才法師為蜜蜂王，和聲相顧嘗採精味；其樹修直堅固貞實，無有虛偽諂曲腐病，是則名曰功德大樹。諸修行者欲趣涅槃，背三世苦向解脫城，漸次發行諸善功德，息彼樹下，飲法甘露，止三渴患，其身安隱能至涅槃。

復次，戒有衆多數或一、二、三、四或七、或十二、或二十一，若念念須臾頃，則有無量戒種，道共、定共、俱生戒、正語、正業、正命與心迴轉。觀此諸戒其相各別，或淳淨無垢，或輕薄明淨，如是無垢戒相現於境界，修行於依緣念三處觀察戒相。若塗香柔軟、離垢悅樂、明淨潔白，是所依中相；若其地平廣妙華寶器，嚴飾之具衆寶滑澤，是名修行境界中相；譬如犛牛護尾，一毛著樹，守樹而死不令毛斷。比丘護戒亦復如是，一微之戒守死不犯，妙相嚴身衆好具足，猶如秋月停照虛空。修行三昧觀此淨相已，乃至命終無復憂悔，亦無熱惱不復恐怖，安悅歡喜踊躍增長，生寂止樂徧滋四大滅，如是等名修行憶念中相。

復次，三種中更有雜相嬈亂，障礙失念意不住，請求悔過，不善惡業守死不為，夢中無犯增益持戒。佛說：「戒為花鬘、塗香、莊嚴衆具。」香風一方來是世界香，諸*方來是戒德香，或身無手足眼耳鼻舌，一切肢節悉不*完具，或身沒塵埃，或觀察自身離諸塵垢，澡浴塗身名衣上服，是名修行。於依緣憶念觀察，尸羅種種雜相威儀，定共、道共三種戒，悉已於中說。此三種戒更有無量諸深妙相，明智者當廣演說。修行已觀淨戒，欲破諸入山者，當修二法所謂止觀，先當觀離惡悅樂充滿其身，麁澁四大滅，柔順四大生，趣寂止樂一心不亂，自於內身繫心於入相，當善守護入相所起處。觀察時白淨相起，比丘見此相，當善守護如佛所說，譬如伏雞善護其子必得成就。比丘修行亦復如是，專精守護乃得成就，十二修果相現分明。修行善守護時，離諸放逸修果成就，境界淨妙離諸垢污，明如寶珠亦如懸水，境界廣滿身處少分周遍遠流，然後來還；還已一相現，復分為二分，還合為一成曼荼邏境界，安住平正普現衆相，猶如衆星光耀布列然後乃壞；壞已各各流出還合為一，復周遍遠流充滿諸方，充滿說方已復還安隱堅住，住已熟相現，熟相現已有種種衆相周遍彌廣，微妙器服諸奇特相悉現境界。內入空聚，外色、聲、香、味、觸及三世、三種法、善、不善、無記一切悉現觀其真實。復次，外六入如賊，內六入如空聚，亦說內外入為此彼岸，此十二入諸勝妙相增廣無量。佛說：「修多羅中廣說。」

復次，修行者於此境界熟相起，起已復壞，間間有斷離相，斷離相流注極遠，停住一處，如寶瓶盛水然後還開漸見寂滅，寂滅已復有諸餘一切功德相生，諸入門中常雜相流出，各各出已復於一處成曼荼邏，曼荼邏上復有自相起，起已復熟，熟已不久寂滅，然後修行復加專精，更現清淨微妙禪相，現已如前次第寂滅。

復次，修行於諸入中更有種種妙相，於繫心處決定相起，名髻中明珠喻三昧。修行自觀身作二分，衆寶藏上有寶蓮花，修行自見身在蓮花上，衆寶妙花莊嚴圍遶。復次，如世尊修多羅說六衆生喻，行者於此具足觀察，所謂眼為狗，走逐五色村；耳為鳥，隨空聲起；鼻為毒蛇，隨逐香穴；舌為野干，貪五味死屍；身為輸收磨羅，常樂入觸海；意為猨猴，常樂遊縱三世法林。若六種衆生繫著一處，不能自在，各遊所樂。修行如是，以三昧正念繫縛六根，不令自在馳散所緣，然後以清淨智觀法真實。癡冥凡夫六境中，貪著悕望無量惡法，如是正觀悉能除滅一切衆生樂著境界；自起障礙不至涅槃，是故修行欲壞生死趣涅槃者，當降伏諸根遠離境界。

修行觀十二因緣第十七

已說諸對治及所治。愚癡對治，是應分別一切諸佛所設緣起，滅除癡冥生如實智，有甚深微妙隨順功德。今當略說，令諸修行功德增益，滅除愚癡。觀察緣起，遠離斷常二邊諸想，知因緣和合有為法生，亦能降伏迷醉外道，牽令隨順第一空法，慧眼明淨無明悉滅。

修行觀緣起有四種：一名、連縛，二名、流注，三名、分段，四名、刹那。連縛有六種：一曰、生，二曰、分，三曰、趣，四曰、生門，五曰、刹那，六曰、成壞。生者從死陰，次起中陰，中陰次起生陰。中陰衆生無明昏亂愚癡所盲，造作有業，中陰衆生見男女和合，無明增故生顛倒想，或生害想，或生愛想，欲與女俱者於男生害心，然後自見與彼和合。爾時，欲心迷醉是名愛起身；見和合不淨謂為己有，是名慢起身；因母飲食而得增長，令身敷起，是名食起身；四大與迦羅邏俱生得報身，是名四大起身；結業為方便，二支既過次第識種生，是名種子識；始處迦羅邏時，其心沈沒少所識，知識不明利，是名為生得迦羅邏；已識明利故是名為識，是名生連縛也。分段者，從迦羅邏次起皰、肉段、堅厚、肢節、嬰兒、童子、盛壯、衰分、老分次第生，是名分連縛也。趣者，謂遍至諸趣，修行觀諸趣相，是名趣連縛也。生門者，謂四生相續輪迴不絕，是名生門連縛也。剎那者，觀五陰念念相續生滅不斷，是名剎那連縛也。成壞者，一切境界起滅劫數始終，修行觀此成壞相續，名為成壞連縛也。是則修行觀緣起連縛也。

流注者，謂修行觀剎那流至怛剎那乃至羅婆、摩睺路妒，是名流注迦羅邏分；流注七日皰、肉段、堅厚乃至衰老分，是名流注起分、住分、起緣分、入分、出分、方便分。一切正受，巧便流注次第起盡名流注。諸趣迴轉如旋火輪是名流注，如是一切無量流注，是則修行觀緣起流注。

分段者，修行觀察從分至分故說分段，能如是知則於緣起成就。謂無明增上，猶如盲人無有見相，如大黑冥遠離光明，或於前無見，或於後無見，是則偏盲；若前後無見是二俱盲；若離二盲則捨癡冥，得明淨慧眼。如是苦、集、滅、道、佛、法、僧寶無知，是名十種癡；十種癡滅名為十種慧。佛說：「無明為初因種三種業。」若修行不知無明過患則種三種業，業起已從是生識，諸識如幻種種悉現，從識相續起名色，於彼一身而有二相，譬如虛軟沮爛之物，內有諸蟲令外動搖，亦如野蠶初作繭膜，名色二相亦復如是，乃至諸根未成，說為名色二相。諸根既開名為六入，諸根始開未有所作，於觸愚癡不知適與不適，如雨滴注水，水則泡起，情塵生觸亦復如是，外刺刺身觸從中起，亦如然燈油炷所成，是名修行觀爾炎觸相。觸相起已次第生受，譬如水泡三種相現。若分別諸根則有五受，受起已次生渴愛，譬如舌舐蜜塗刀刃。愛增諸煩惱名為取，取次生有，有三種業，業起當來果故名為有，已種生而未受名為未來生，生已熟謂為老死，二支說未來生時，生相增上。佛說：「識分，未來識生時名為生，名色、六入、觸、受名為老死。」前世愛、取、有能集今有故，於此生為過去。愛取是煩惱分故說為無明，有則是行，現在三支能種來生，過去二枝轉生死輪，彼衆生輪轉以無明覆故，八現在、二過去、二未來世差別故如是分別，當知轉時一切皆十二。

復次，更有餘分因緣，今當說。從迦羅邏、皰、肉段、堅厚、肢節、嬰兒、童子、壯年、衰分、老死分，於是十種分觀察緣起。復次，於起住起緣入出方便分，乃至餘一切分悉觀緣起。復次，是事起故是事起，謂彼眼色能起眼識，三事和合觸生受想思，是名修行異種觀緣起。復次，修行方便觀諸入緣起，以明淨境界自向觀諸入門。如是見已各觀自相處，破諸入山無量積聚，熟相現已，流注十方極智境界。到彼觀察明智升進者修住巧便，爾時聞、思、修慧，熟相、壞相次第而起，諸餘升進義如前入處說。復次，是事有故是事有，是事起故是事起，謂修行者先壞內身，次觀外色，猶如照鏡因物像現，如是所依相起，外相亦起也。

復次，修行於諸不淨觀，其緣起先於方便處，繫念令堅固，然後於肢節分解觀其緣起，起明相已無明相壞，依腳骨有踌骨、髀骨、跨骨、肩骨、頸骨、頭骨充滿十方，有漏業相普現，於下諸雜不淨相階級次第起。復次，修行觀四因能生衆苦：展轉因、鄰近因、周普因、不共因。復次，修行觀果從生因，生從有因，有從取因，如是乃至行從無明因。行是果亦是因，從因推果，還至老死亦如是。若於無明求因必大恐怖而起斷見，無智闇冥，餘明甚微猶如螢火，如是猶復求因不已，自見唯與大黑闇俱。世尊說言：「由不正思惟。」衆生若與是俱則輪轉生死，無明縛故有輪常轉。無明為本，餘支所作各有相現，一切有支輪無明最自在，自在力所轉，如奴屬其主；是無故是不作，是滅故是不轉，當知餘枝皆如是說。死有四種：漸漸死、頓死、行盡死、剎那死。又說三種無常：一剎那無常，二分段無常，三種類無常。修行了此無常，則遠離四魔，破壞無明，明相顯現如明淨燈，能消衆冥乃至老死滅，諸明相起亦復如是，破壞無明諸積聚已，成就一相淨妙境界，行者身體柔軟光澤，光澤已身極明淨如明鏡像，如是相現明淨觀已，身內衆物各各自相一切顯現，如是觀成就名曰於界得度。何以故？有五種癡五種對治相。一、界，二、入，三、陰，四、卑賤，五、垢污，是名五種癡。或觀界得度，或復觀陰、觀入、觀彼增功德、觀第一義而得度者，是名五種對治也。

復次，修行者入快淨琉璃三昧，於明淨境界觀緣起支。觀緣起枝時，便生易見想，如說阿難白佛言：「緣起易見。」佛告阿難：「十二緣起甚深無底難見難知，汝欲毀壞我三阿僧祇劫甚深微妙難得之果，云何欣悅而說是言？是深妙觀我今當度，汝當隨我觀佛境界。佛境界海浮漂，外道無智闇冥，二邊愚癡離爾炎境界所不能入，聲聞、辟支佛雖能少入不得其底。」爾時，世尊說是語已，即入甚深微妙爾炎住三昧自在正受。正受境界有三師子王，師子王上各有七寶池，七寶池中各有七寶蓮華，七寶蓮花上皆有坐佛，放大光明極聲聞境界，然後乃住是諸聲聞，從初發心至最後身，所種善根及諸緣起一切悉現。從是復起三師子王，師子王上各有七寶池，七寶池中各有七寶蓮花，七寶蓮花上皆有坐佛，放大光明極辟支佛境界，然後乃住諸辟支佛，從初發心乃至究竟，所種善根及諸緣起一切悉現。從是復起無量師子王，師子王上各有七寶池，七寶池中各有七寶蓮花，一一花上皆有坐佛，普放光明極菩薩境界，然後乃住是諸菩薩，從初發心至金剛座，所修善根一切功德，若業、若果及諸緣起一切悉現。從是復起無量師子王，師子王上各有七寶池，七寶池中各有七寶蓮花，一一花上皆有坐佛，放大光明普照佛法甚深緣起一切悉現。

爾時，佛以神力示阿難佛之境界已，語阿難言：「爾炎中更有無量無邊諸佛境界，佛智所行如是甚深微妙境界。云何欣悅而言易見？汝智淺不及謂為易見耳。如上爾炎境界無量諸法現在前已，然後乃壞一切皆空清淨寂滅，寂滅已復觀勝妙爾炎，起佛法身漸漸廣大周滿十方，無量法寶充滿法身，法身光明無有邊際，不共智慧所行境界，一切佛法甚深緣起悉現在前，然後乃壞一切皆空清淨寂滅，無有處所猶如虛空無所依止，如寶入手名為得寶，修果如是名決定相。阿難！如來境界不可思議，我今為汝示少少耳。」阿難見佛境界歡喜踊躍，白佛言：「甚深！世尊！世尊爾炎境界難得其底，若我先知如來境界如是深妙者，寧使我身碎如胡麻，要當究竟佛法彼岸。」如是一切名修行觀緣起分段。

剎那者，三世一剎那，一剎那三世。法未起名未來，起時名現在，已起名過去，一剎那生即一剎那苦，與無常俱故。當知衆行剎那頃不住，亦無所從來去，亦無所至，雖轉亦無所去，去亦無積聚。一剎那起一剎那滅，剎那如一念，一念如剎那，前剎那聚已滅，滅時與後起，隨順四緣具足後剎那起，修行境界觀一剎那間有無量微塵，無量微塵一一剎那次第相續猶如連珠，譬如四善射人俱放四箭，有一人健行箭未至地，能就空中接取四箭不令落地。地神迅疾復過於是，虛空神疾過於地神，日月天疾過虛空天，如是健行天疾倍過日月，當知諸行無常迅過於是不可譬喻。如修行觀迦羅邏七日住分有無量剎那，當知餘一切分亦如是。如是觀已，離諸愚癡增益明慧，如是無量，名修行觀緣起剎那。

復次，修行初入正受名為連縛，境界增長名為流注方便，境界安住名為分段，境界漸滅名為剎那。

復次，已說四種別相觀緣起。佛說總緣起，今當說二支種、二支熟、二支起、二支牽，所種二支生長、二支成就、二支受、二支作人、二支田、二支寄者、二支所寄、二支受寄者，是說名有支。修行觀緣起或五陰、或四陰，五陰欲、色界，四陰無色界。無常、空等諸行，於陰決定真實，決定真實已，決定相現在前，是事有故是事有，是事起故是事起，是事無故是事無，是滅故是不作，譬如有鑽、有燧、有人，方便煙火乃出因薪熾然，亦如因樹有蔭、因日有光、因燈有焰，皆從緣起。無明不言我能生行，行亦不言我從無明生，當知一切有支皆如是，是空法、寂滅法、無所有法，作者不可得。但有無明諸行和合有漏法生，受為軸轉有支輪生諸結縛，諸結中愛支增，諸縛中取支增，諸使中識支增，諸纏中無明增，向生結增，受生縛增，諸識漂利使增，於境界愚癡煩惱增，如是煩惱業縛能轉生，果有輪常轉漂，無智眾生隨義增故，說有差別，當知諸分皆有結、縛、使、纏。

復次，修行六種觀十二緣起。於十二支隨順義說，謂安般念觀業支、有支，以出息入息是身行，覺觀是口行，想思是意行，是故安般念是彼對治；界方便觀觀識支、生支，識增上故處胎，識於諸界增上說七識界，是故界方便觀是彼對治；陰方便觀，觀名色支、老死支，是故陰方便觀是彼對治；破諸入出方便觀，觀六入支、觸支，是故入方便觀是彼對治；緣起方便觀，觀無明支、受支，是故緣起方便觀是彼對治。何以故？受及無明是諸煩惱根本，是故智慧是彼對治，愛取二支染著淨故，不淨是對治。

復次，修行觀十二緣，或時從因度，或時從果度，或從無明、行乃至老死，或觀識乃至老死，或三事和合生觸、觸生受、受生愛、愛生取乃至老死，或從愛、取、有、生、老、死，或從老死乃至無明，或觀老死乃至識，如佛城喻經說。

復次，修行於四念處觀十二支各增上，身念處觀六入支，受念處觀受支，心念處觀識、名色支，法念處總觀餘支。說此義已而說讚偈曰：

方便治地行，　乃至究竟處，　無上法施主，　說是傳至今。
我從彼勝聞，　撰說深妙義，　章句莊嚴集，　欲令法久住。
佛法深無底，　修行亦無邊，　以我少智力，　宣揚無量法。
是深非所測，　如蚊嘗大海，　唯彼已度者，　然後乃究竟。

六十二界：六種、六情、六塵、六識、六界、六覺，謂貪、恚、癡三不淨覺，反是三淨覺也；苦、樂、不苦不樂、憂、喜、捨。六三欲、色、無色界，又色、無色、滅界，三世法，軟、中、上法，善、不善、無記法，學、無學、非學非無學。四二者，食、非食，漏、無漏，依欲、依出要，有為、無為。三十六不淨，次第髮、毛、爪、齒、薄皮、厚皮、筋、肉、骨、髓、脾、腎、心、肝、肺、小腸、大腸、胃、胞、屎、尿、垢、污、淚、涕、唾、膿、血、黃、白、痰、癊、肪、删、腦、膜。

剎那數：百二十剎那名一怛剎那，六十怛剎那名一羅婆，三十羅婆名一摩睺路茹，三十摩睺路茹名一日一夜。一歲中唯二時二日三十摩睺路茹晝夜等，謂羯提月白分八日，八月名羯提，後半月名為白分；陛舍佉月白分八日，二月名陛舍佉，後半月名白分。此二時二日晝夜，各十五摩睺路茹。從是後羅婆流或晝減夜增，或夜減晝增，名為流晝夜等各三十摩睺路茹。

達摩多羅禪經卷下

南無護法韋馱尊天菩薩

全佛文化圖書出版目錄

佛教小百科系列

- □ 佛菩薩的圖像解說1-總論•佛部 320
- □ 佛菩薩的圖像解說2-菩薩部•觀音部•明王部 280
- □ 密教曼荼羅圖典1-總論•別尊•西藏 240
- □ 密教曼荼羅圖典2-胎藏界上 300
- □ 密教曼荼羅圖典2-胎藏界中 350
- □ 密教曼荼羅圖典2-胎藏界下 420
- □ 密教曼荼羅圖典3-金剛界上 260
- □ 密教曼荼羅圖典3-金剛界下 260
- □ 佛教的真言咒語 330
- □ 天龍八部 350
- □ 觀音寶典 320
- □ 財寶本尊與財神 350
- □ 消災增福本尊 320
- □ 長壽延命本尊 280
- □ 智慧才辯本尊 290
- □ 令具威德懷愛本尊 280
- □ 佛教的手印 290
- □ 密教的修法手印-上 350
- □ 密教的修法手印-下 390
- □ 簡易學梵字(基礎篇)-附CD 250
- □ 簡易學梵字(進階篇)-附CD 300
- □ 佛教的法器 290
- □ 佛教的持物 330
- □ 佛教的塔婆 290
- □ 中國的佛塔-上 240
- □ 中國的佛塔-下 240
- □ 西藏著名的寺院與佛塔 330
- □ 佛教的動物-上 220
- □ 佛教的動物-下 220
- □ 佛教的植物-上 220
- □ 佛教的植物-下 220
- □ 佛教的蓮花 260
- □ 佛教的香與香器 280
- □ 佛教的神通 290
- □ 神通的原理與修持 280
- □ 神通感應錄 250
- □ 佛教的念珠 220
- □ 佛教的宗派 295
- □ 佛教的重要經典 290
- □ 佛教的重要名詞解說 380
- □ 佛教的節慶 260
- □ 佛教的護法神 320
- □ 佛教的宇宙觀 260
- □ 佛教的精靈鬼怪 280
- □ 密宗重要名詞解說 290
- □ 禪宗的重要名詞解說-上 360
- □ 禪宗的重要名詞解說-下 290
- □ 佛教的聖地-印度篇 200

佛菩薩經典系列

- □ 阿彌陀佛經典 350
- □ 藥師佛•阿閦佛經典 220
- □ 普賢菩薩經典 180
- □ 文殊菩薩經典 260
- □ 觀音菩薩經典 220
- □ 地藏菩薩經典 260
- □ 彌勒菩薩•常啼菩薩經典 250
- □ 維摩詰菩薩經典 250
- □ 虛空藏菩薩經典 350
- □ 無盡意菩薩•無所有菩薩經典 260

佛法常行經典系列

- □ 妙法蓮華經 260
- □ 悲華經 260
- □ 大乘本生心地觀經•勝鬘經•如來藏經 200

- [ ] 小品般若波羅密經 220
- [ ] 金光明經・金光明最勝王經 280
- [ ] 楞伽經・入楞伽經 360
- [ ] 楞嚴經 200
- [ ] 解深密經・大乘密嚴經 200
- [ ] 大日經 220
- [ ] 金剛頂經・金剛頂瑜伽念誦經 200

三昧禪法經典系列

- [ ] 念佛三昧經典 260
- [ ] 般舟三昧經典 220
- [ ] 觀佛三昧經典 220
- [ ] 如幻三昧經典 250
- [ ] 月燈三昧經典(三昧王經典) 260
- [ ] 寶如來三昧經典 250
- [ ] 如來智印三昧經典 180
- [ ] 法華三昧經典 260
- [ ] 坐禪三昧經典 250
- [ ] 修行道地經典 250

修行道地經典系列

- [ ] 大方廣佛華嚴經(10冊) 1600
- [ ] 長阿含經(4冊) 600
- [ ] 增一阿含經(7冊) 1050
- [ ] 中阿含經(8冊) 1200
- [ ] 雜阿含經(8冊) 1200

佛經修持法系列

- [ ] 如何修持心經 200
- [ ] 如何修持金剛經 260
- [ ] 如何修持阿彌陀經 200
- [ ] 如何修持藥師經-附CD 280
- [ ] 如何修持大悲心陀羅尼經 220
- [ ] 如何修持阿閦佛國經 200
- [ ] 如何修持華嚴經 290
- [ ] 如何修持圓覺經 220
- [ ] 如何修持法華經 220
- [ ] 如何修持楞嚴經 220

守護佛菩薩系列

- [ ] 釋迦牟尼佛-人間守護主 240
- [ ] 阿彌陀佛-平安吉祥 240
- [ ] 藥師佛-消災延壽(附CD) 260
- [ ] 大日如來-密教之主 250
- [ ] 觀音菩薩-大悲守護主(附CD) 280
- [ ] 文殊菩薩-智慧之主(附CD) 280
- [ ] 普賢菩薩-廣大行願守護主 250
- [ ] 地藏菩薩-大願守護主 250
- [ ] 彌勒菩薩-慈心喜樂守護主 220
- [ ] 大勢至菩薩-大力守護主 220
- [ ] 準提菩薩-滿願守護主(附CD) 260
- [ ] 不動明王-除障守護主 220
- [ ] 虛空藏菩薩-福德大智守護(附CD) 260
- [ ] 毘沙門天王-護世財寶之主(附CD) 280

輕鬆學佛法系列

- [ ] 遇見佛陀-影響百億人的生命導師 200
- [ ] 如何成為佛陀的學生-皈依與受戒 200
- [ ] 佛陀的第一堂課-四聖諦與八正道 200
- [ ] 業力與因果-佛陀教你如何掌握自己的命運 220

洪老師禪座教室系列

- □ 靜坐-長春.長樂.長效的人生 200
- □ 放鬆(附CD) 250
- □ 妙定功-超越身心最佳功法(附CD) 260
- □ 妙定功VCD 295
- □ 睡夢-輕鬆入眠•夢中自在(附CD) 240
- □ 沒有敵者-強化身心免疫力的修鍊法(附CD) 280
- □ 夢瑜伽-夢中作主.夢中變身 260
- □ 如何培養定力-集中心靈的能量 200

禪生活系列

- □ 坐禪的原理與方法-坐禪之道 280
- □ 以禪養生-呼吸健康法 200
- □ 內觀禪法-生活中的禪道 290
- □ 禪宗的傳承與參禪方法-禪的世界 260
- □ 禪的開悟境界-禪心與禪機 240
- □ 禪宗奇才的千古絕唱-永嘉禪師的頓悟 260
- □ 禪師的生死藝術-生死禪 240
- □ 禪師的開悟故事-開悟禪 260
- □ 女禪師的開悟故事(上)-女人禪 220
- □ 女禪師的開悟故事(下)-女人禪 260
- □ 以禪療心-十六種禪心療法 260

密乘寶海系列

- □ 現觀中脈實相成就-開啟中脈實修秘法 290
- □ 智慧成就拙火瑜伽 330
- □ 蓮師大圓滿教授講記-藏密寧瑪派最高解脫法門 220
- □ 密宗的源流-密法內在傳承的密意 240
- □ 恆河大手印-傾瓶之灌的帝洛巴恆河大手印 240
- □ 岡波巴大手印-大手印導引顯明本體四瑜伽 390
- □ 大白傘蓋佛母-息災護佑行法(附CD) 295
- □ 密宗修行要旨-總攝密法的根本要義 430
- □ 密宗成佛心要-今生即身成佛的必備書 240
- □ 無死 超越生與死的無死瑜伽 200
- □ 孔雀明王行法-摧伏毒害煩惱 260
- □ 月輪觀•阿字觀-密教觀想法的重要基礎 350
- □ 穢積金剛-滅除一切不淨障礙 290
- □ 五輪塔觀-密教建立佛身的根本大法 290
- □ 密法總持-密意成就金法總集 650
- □ 密勒日巴大手印-雪山空谷的歌聲，開啟生命智慧之心 480

其他系列

- □ 入佛之門-佛法在現代的應用智慧 350
- □ 普賢法身之旅-2004美東弘法紀行 450
- □ 神通-佛教神通學大觀 590
- □ 認識日本佛教 360
- □ 華嚴經的女性成就者 480
- □ 準提法彙 200
- □ 地藏菩薩本願經與修持法 320
- □ 仁波切我有問題-一本關於空的見地、禪修與問答集 240
- □ 萬法唯心造-金剛經筆記 230
- □ 菩薩商主與卓越企業家 280
- □ 禪師的手段 280
- □ 覺貓悟語 280
- □ 蓮花生大士祈請文集 280

女佛陀系列

- □ 七優曇華-明末清初的女性禪師(上) 580
- □ 七優曇華-明末清初的女性禪師(下) 400

禪觀寶海系列

- ☐ 禪觀秘要 1200
- ☐ 首楞嚴三昧-降伏諸魔的大悲勇健三昧 420

高階禪觀系列

- ☐ 通明禪禪觀-迅速開啟六種神通的禪法 200
- ☐ 十種遍一切處禪觀-調練心念出生廣大威力的禪法 280
- ☐ 四諦十六行禪觀-佛陀初轉法輪的殊勝法門 350
- ☐ 三三昧禪觀-證入空、無相、無願三解脱門的禪法 260
- ☐ 大悲如幻三昧禪觀-修行一切菩薩三昧的根本 380
- ☐ 圓覺經二十五輪三昧禪觀-二十五種如來圓覺境界的禪法 400

虹彩光音系列

- ☐ 現觀中脈 250
- ☐ 草庵歌 250
- ☐ 阿彌陀佛心詩 250
- ☐ 妙定功法 250
- ☐ 蓮師大圓滿 260
- ☐ 冥想．地球和平 心詩 280

光明導引系列

- ☐ 阿彌陀經臨終光明導引-臨終救度法 350
- ☐ 送行者之歌(附國台語雙CD) 480

淨土修持法

- ☐ 蓮花藏淨土與極樂世界 350
- ☐ 菩薩的淨土 390
- ☐ 諸佛的淨土 390
- ☐ 三時繫念佛事今譯

佛家經論導讀叢書系列

- ☐ 雜阿含經導讀-修訂版 450
- ☐ 異部宗論導讀 240
- ☐ 大乘成業論導讀 240
- ☐ 解深密經導讀 320
- ☐ 阿彌陀經導讀 320
- ☐ 唯識三十頌導讀-修訂版 520
- ☐ 唯識二十論導讀 300
- ☐ 小品般若經論對讀-上 400
- ☐ 小品般若經論對讀-下 420
- ☐ 金剛經導讀 270
- ☐ 心經導讀 160
- ☐ 中論導讀-上 420
- ☐ 中論導讀-下 380
- ☐ 楞伽經導讀 400
- ☐ 法華經導讀-上 220
- ☐ 法華經導讀-下 240
- ☐ 十地經導讀 350
- ☐ 大般涅槃經導讀-上 280
- ☐ 大般涅槃經導讀-下 280
- ☐ 維摩詰經導讀 220
- ☐ 菩提道次第略論導讀 450
- ☐ 密續部總建立廣釋 280
- ☐ 四法寶鬘導讀 200
- ☐ 因明入正理論導讀-上 240
- ☐ 因明入正理論導讀-下 200

密法傳承系列

- ☐ 天法大圓滿掌中佛前行講義中疏 680

離言叢書系列

- □ 解深密經密意 390
- □ 如來藏經密意 300
- □ 文殊師利二經密意 420
- □ 菩提心釋密意 230
- □ 龍樹讚歌集密意 490
- □ 智光莊嚴經密意 420
- □ 無邊莊嚴會密意 190
- □ 勝鬘師子吼經密意 340
- □ 龍樹二論密意 260
- □ 大乘密嚴經密意 360
- □ 大圓滿直指教授密意 290

談錫永作品系列

- □ 閒話密宗 200
- □ 西藏密宗占卜法-妙吉祥占卜法（組合） 790
- □ 細說輪迴生死書-上 200
- □ 細說輪迴生死書-下 200
- □ 西藏密宗百問-修訂版 210
- □ 觀世音與大悲咒-修訂版 190
- □ 佛家名相 220
- □ 密宗名相 220
- □ 佛家宗派 220
- □ 佛家經論-見修法鬘 180
- □ 生與死的禪法 260
- □ 細說如來藏 280
- □ 如來藏三談 300

大中觀系列

- □ 四重緣起深般若-增訂版 420
- □ 心經內義與究竟義-印度四大論師釋《心經》 350
- □ 聖入無分別總持經對堪及研究 390
- □ 《入楞伽經》梵本新譯 320
- □ 《寶性論》梵本新譯 320
- □ 如來藏論集 330
- □ 如來藏二諦見 360
- □ 聖妙吉祥真實名經梵本校譯 390
- □ 聖妙吉祥真實名經釋論三種 390
- □ 《辨中邊論釋》校疏 400

甯瑪派叢書-見部系列

- □ 九乘次第論集 380
- □ 甯瑪派四部宗義釋 480
- □ 辨法法性論及釋論兩種 480
- □ 決定寶燈 480
- □ 無修佛道 360
- □ 幻化網秘密藏續釋-光明藏 560
- □ 善說顯現喜宴-甯瑪派大圓滿教法 650
- □ 勝利天鼓雷音-金剛乘教法史 1040

甯瑪派叢書-修部系列

- □ 大圓滿心性休息導引 395
- □ 大圓滿前行及讚頌 380
- □ 幻化網秘密藏續 480
- □ 六中有自解脫導引 520

藏傳佛教叢書系列

- □ 章嘉國師(上)-若必多吉傳 260
- □ 章嘉國師(下)-若必多吉傳 260
- □ 紅史 360
- □ 蒙古佛教史 260
- □ 西藏生死導引書(上)-揭開生與死的真相 290
- □ 西藏生死導引書(下)-六種中陰的實修教授 220
- □ 西藏不分教派運動大師 390
- □ 西藏_上 360
- □ 西藏 下 450

頂果欽哲法王文選(雪謙)

- ☐ 修行百頌-在俗世修行的101個忠告 260
- ☐ 覺醒的勇氣-阿底峽之修心七要 220
- ☐ 如意寶-上師相應法
- ☐ 你可以更慈悲 菩薩37種修行之道 350
- ☐ 證悟者的心要寶藏-唵嘛呢唄美吽 280
- ☐ 成佛之道-殊勝證悟道前行法 250
- ☐ 明月-頂果欽哲法王自傳與訪談錄 650
- ☐ 明示甚深道-自生蓮花心髓前行釋論 300
- ☐ 頂果欽哲法王傳-西藏精神(百歲紀念版) 650

幸福地球系列

- ☐ 不丹的幸福密碼11-11-11 不丹人心目中的仁王，國家幸福力的創造者:四世國王 1111
- ☐ 幸福是什麼？- 不丹總理吉美・廷禮國家與個人幸福26講 380
- ☐ 冥想・地球和平 380
- ☐ 雷龍之吼-不丹王國生存奮鬥史 450
- ☐ 地球企業家之道-地球企業家的核心、願景與實踐 480
- ☐ 和解 250

格薩爾王傳奇系列

- ☐ 格薩爾王傳奇1-神子誕生 280
- ☐ 格薩爾王傳奇2-魔國大戰 260
- ☐ 格薩爾王傳奇3-奪寶奇謀 280
- ☐ 格薩爾王傳奇4-爭霸天下 290
- ☐ 格薩爾王傳奇5-萬王之王 280
- ☐ 格薩爾王傳奇6-地獄大圓滿 290

山月文化系列

- ☐ 西藏繪畫藝術欣賞-平裝本 480
- ☐ 西藏繪畫藝術欣賞-精裝本 680
- ☐ 西藏傳奇大師密勒日巴唐卡畫傳 580
- ☐ 密勒日巴唐卡畫傳(精裝經摺本) 890
- ☐ 西藏健身寶卷 390
- ☐ 達瓦，一隻不丹的流浪犬 240
- ☐ 西藏格薩爾圖像藝術欣賞-上 480
- ☐ 西藏格薩爾圖像藝術欣賞-下 480

特殊文化之旅系列

- ☐ 西藏吉祥密碼(上)-符號、顏色、動植物 260
- ☐ 西藏格薩爾說唱藝人(附DVD) 350
- ☐ 西藏的節慶-拉薩篇 399
- ☐ 西藏吉祥密碼(下)-裝飾藝術、圖案、儀式 260
- ☐ 西藏民間樂器(附贈西藏傳統音樂CD) 350
- ☐ 西藏的節慶-各地采風篇 399

達賴喇嘛全傳

- ☐ 五世達賴-第一函-上 380
- ☐ 五世達賴-第一函-下 390
- ☐ 五世達賴-第二函-上 250
- ☐ 五世達賴-第二函-下 250
- ☐ 五世達賴-第三函-上 220
- ☐ 五世達賴-第三函-下 220
- ☐ 四世達賴-雲丹嘉措傳 220
- ☐ 三世達賴-索南嘉措傳 295
- ☐ 二世達賴-根敦嘉措傳 220
- ☐ 一世達賴-根敦珠巴傳 250

全套購書85折、單冊購書9折
（郵購請加掛號郵資60元）

全佛文化事業有限公司
新北市新店區民權路95號4樓之1
TEL:886-2-2913-2199
FAX:886-2-2913-3693
匯款帳號：3199717004240
合作金庫銀行大坪林分行
戶名：全佛文化事業有限公司
全佛文化網路書店www.buddhall.com

*本書目資訊與定價可能因書本再刷狀況而有變動，購書歡迎洽詢出版社。

三昧禪法經典10

《修行道地經典》

主　　編　洪啟嵩
編　　輯　全佛編輯部
出　　版　全佛文化事業有限公司
訂購專線：(02)2913-2199
傳真專線：(02)2913-3693
發行專線：(02)2219-0898
匯款帳號：3199717004240 合作金庫銀行大坪林分行
戶　　名：全佛文化事業有限公司
E-mail:buddhall@ms7.hinet.net
http://www.buddhall.com

門　　市　新北市新店區民權路108之3號10樓
門市專線：(02)2219-8189

行銷代理　紅螞蟻圖書有限公司
台北市內湖區舊宗路二段121巷19號（紅螞蟻資訊大樓）
電話：(02)2795-3656　傳真：(02)2795-4100

初　　版　一九九六年三月
初版三刷　二〇一九年六月
定　　價　新台幣二五〇元
ISBN　978-957-9462-35-8（平裝）

國家圖書館出版品預行編目資料

修行道地經典 / 洪啟嵩主編. -- 初版. --
新北市：全佛文化, 1996
面；　公分. -- (三昧禪法經典系列；10)

ISBN 978-957-9462-35-8(平裝)

1.方等部

221.38　　85001660

Buddhall

Published by BuddhAll Cultural Enterprise Co.,Ltd.

BuddhAll

BuddhAll.

All is Buddha.

BuddhAll